市民力ライブラリー

自治する日本

地域起点の民主主義

穂積亮次●著

萌書房

〈市民力ライブラリー〉の刊行によせて

近年とみに、価値の流転が著しい。主権国家ですら、その存在意義が問われる時代にあって、政府と市民の関係も変容を免れない。豊かさの指標が、人の温かさや思いやりにまで広がってきたこととも関係するが、政府と市民の関係を二項対立的にとらえるだけでは、市民の豊かな暮らしは創れない。対峙するだけでなく、ある時は協力、協調し、またある時は競争、競合するといった、重層的・複合的な関係性のなかでとらえていく必要があるだろう。これは市民にとって、自らの力が試されることでもある。こうした市民の力を発掘し、育むのが、〈市民力ライブラリー〉である。

市民力の同義語は、民主主義だと思う。私たちは、民主制社会に暮らしているが、アテネの昔から、この制度は扱いが難しい仕組みである。気を抜くとあっという間に崩壊し、人々を傷つけることになる。民主制が有効に機能するには、市民一人ひとりの自律性と、共同体の事柄を我がことのように思う貢献性が求められるが、民主主義のありようが問われている今日だからこそ、市民力を基軸に新しい社会を創っていこうではないか。

〈市民力ライブラリー〉と銘打ったのは、今後も継続するということである。市民にとって有用な知識や知恵を間断なく提供し続けたいと思う。それには、持続可能なシステムとたゆまぬ努力が必要になる。商業出版であることを意識し、その強みを活かしたと思う。

〈市民力ライブラリー〉であるから、論者は研究者にかぎらない。さまざまな市民力の書き手が現れることも期待している。

二〇〇九年五月

松下 啓一

はじめに

本書は、地方自治体の運営を通して民主政治をどのように発展させうるか、との問題意識に基づいて書かれています。それは、民主主義の発展にいささかでも寄与したいとの願望と、その道筋はどこに求められるべきだろうかとの模索を、形にしたものでもあります。

私は「平成の合併」を町長として、それによって生まれた新しい市の運営を市長として、取り組むことになりました。

長年続いてきた制度や外形が変わり、移行期に特有の不安定性が生じてくると、その裂け目から歴史の奥底に流れる水脈が見えたり、それまで表面に出てこなかった地層のせめぎ合いが目に飛び込んできたりすることがあります。

それはかつての「昭和の合併」や「明治の合併」がどんな力の合成によって成立したかを気づかせてくれることもありますし、「自治」や「分権」の潮流がどんな変遷をたどり現在の姿にいたったかを教えてくれることもあります。

本書はこの時期の体験や見聞に多くを拠っています。

私が合併新市（愛知県新城市《しんしろ》）の市長となったのは二〇〇五年のことです。本書を上梓した今年が二〇一六年ですので、個人の取り組みはわずか一〇年そこそこのことにすぎません。けれども、同時期に日本や世界で起こったことは、歴史年表にゴシック文字で刻印されるであろうことの連続でした。

内外順不同で列挙してみるだけでも、東日本大震災と原発事故、初の政権交代とその無残な失敗、リーマンショックに世界金融危機、中国の台頭による東アジア地政図の激変、集団的自衛権行使容認への転換、消費増税と社会保障一体改革などなどを、すぐに指折ることができます。

新城市は人口五万人弱、市域の八〇％超が森林という山あいの小地方都市ですが、これら時代変動の荒波と無縁でいられるわけもありません。自治体の行財政運営の上でも、住民の中に高まる将来不安への政治的対応の上でも、また地域社会の明日を設計する上でも、時代変革の一隅にあることの当事者意識を持たずに取り組めることは一つもありませんでした。

外交・防衛や安全保障などの対外的な問題は取りあえず脇に置いてみて、私は日本社会が直面しているチャレンジは、およそ三つの大きな山に立ち向かい、乗り越えることと同義だと考えています。

第一は、人口減少時代に立ち向かうことです。この時代への向き合い方を誤れば、われわれは縮小するパイの奪い合いに精力を費やさなければなりません。

第二は、格差社会に立ち向かうことです。国内市場は縮小する一方、世界市場はますます拡大するために、そこへのアクセスの仕方で現在の格差が取り返しのつかない水準にまで広がる可能性があります。

第三は、民主主義の試練に立ち向かうことです。民主主義の力の源泉には、政治制度への国民の信認があります。その信認が後退した中で、内外の危機に対処しようとすれば、強権による統制や管理の手法に依存せざるをえなくなります。政治に携わる者は、この事態を回避するためにも、民主政治の絶えざる深化発展のために力を尽くすべきです。

住民福祉の増進を図り、住民の安全・安心を守り、住民を主役としたまちづくりを進める責務を負った地方自治体、とくに住民の一番身近で仕事をする基礎自治体（市町村）は、日々の業務を通じて、これらの課題にどう対処しているのかを検証されています。

むろん、地方自治の個々の現場で行えることは、小さな断片にすぎないかもしれません。しかしこの検証に耐えうる仕事をしようとの、気概を持ち続けることはできます。

そして、より良き明日を築くために現状の困難に果敢に立ち向かい、人々の輪を広げ、不条理に屈せずに進む心性は、自分の暮らす社会を「自治する」行動の中でこそ最もよく育まれるのではないでしょうか。

人口減少社会へのとば口に立った今、そこへの入り方こそが問われています。

本書の叙述もそれをひも解くところから始まります。

なお本書は日常職務のあい間をぬって書かれたもので、地方自治の歴史的変遷や法制度的検証について、資料的裏付けを示せぬまま記述したところもあります。もし事実誤認や不正確があるとすれば、私の浅学に原因があります。厳しいご指摘を賜れば幸いです。

また本書の主要テーマの一つである地域自治組織のあり方に関する論点は、新城市での取り組みを主な背景に構成されています。人口規模や社会動態の違う自治体に、そのままあてはめることのできないことも多いと思われます。どれほど一般化しうるかについては、十分な検討を加えていませんので、むしろ読者諸氏の賢察に委ねさせていただきます。

二〇一六年一月

穂積 亮次

自治する日本——地域起点の民主主義＊目　次

＊

自治する日本

——地域起点の民主主義

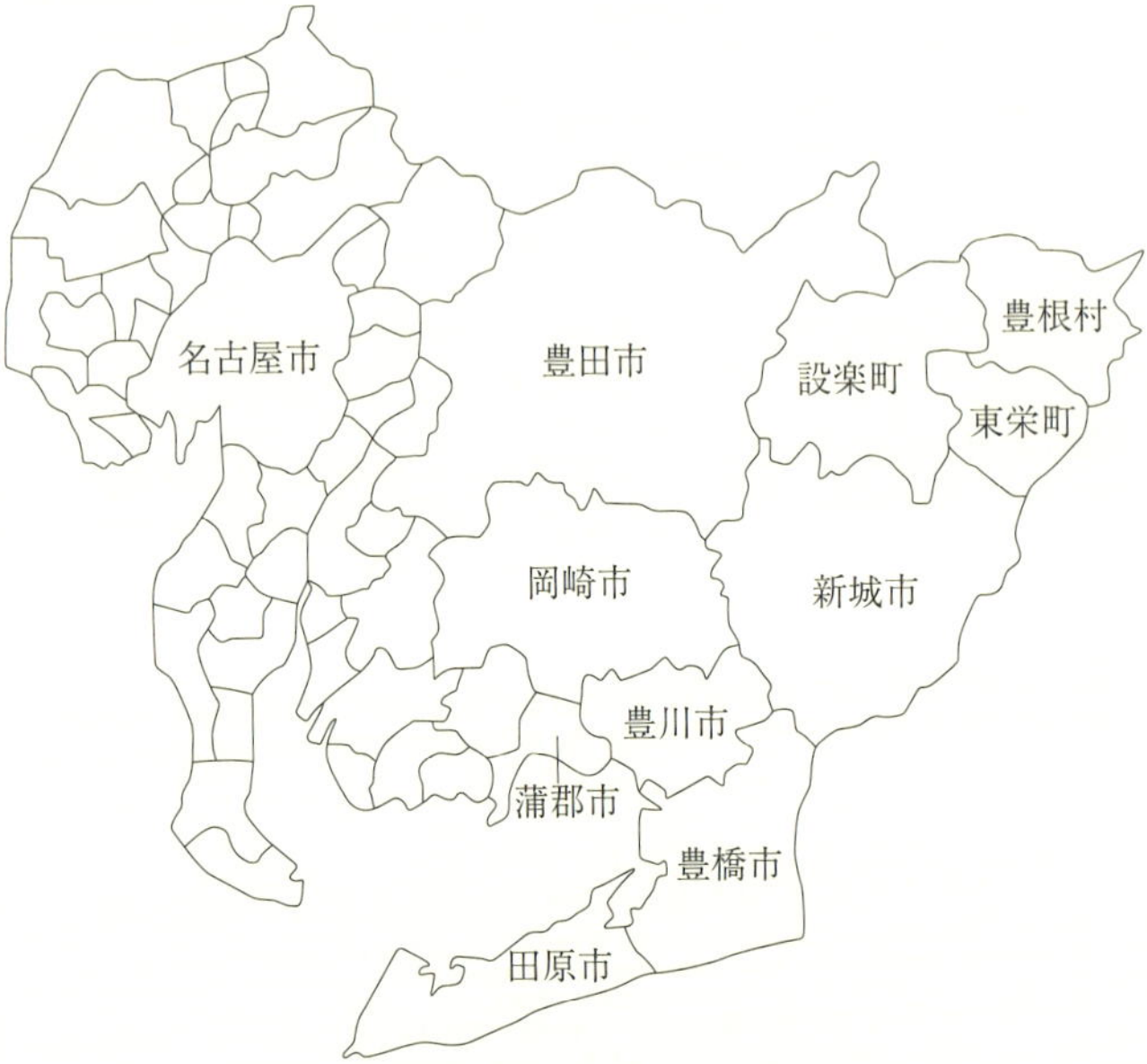

愛知県・新城市周辺の市町村図

第一章　地方「消滅」と「創生」のはざまから
――自治体の人口政策を考える

1　「消滅可能性都市」の問題提起

二〇一四年春に「日本創成会議・人口減少問題分科会」が発表したレポート（『ストップ少子化・地方元気戦略』）は、人口急減社会のリスクを近未来の実像として浮き彫りにし、「消滅可能性都市」の言葉とあいまって幅広い国民的議論を呼び起こしました。

とくに出産年代の女性の人口移動に着目した市町村ごとの人口予測は、地方から大都市圏（とりわけ東京圏）への流出に歯止めがかからない場合に出現する「極点社会」の冷え冷えとした姿を描くことで、大いなる警鐘を鳴らしたと言えます。

新城市は、愛知県内の市では唯一「消滅可能性都市」に挙げられました。本市に隣接し、より山間地に入った北設楽郡三町村は、さらに厳しい将来予測をつきつけられました。行政当局はもとより、議会、住民に与えたインパクトは大きく、地域の明日を不安に思う声は従前にまして広がっています。

2 「人口目標」

そこで若者や女性の地元からの流出にいかに歯止めをかけるか――「地域創生」に向かう人々の共通の関心事項はこの課題に向けられています。「地方消滅」の集中的な要因が、大都市圏への若年人口流出が加速することにある、とされているからです。

そのための政策カタログには、次のようなメニューが並べられています。企業誘致や地域産業の振興(働く場の確保)。子育て環境の充実。定住促進のための住宅整備。スポーツや文化・娯楽の拡充。高等教育や医療の充実。UIターンの促進と交流人口・観光人口の増大。出会いの場の提供と婚活支援。などなどです。

一方で自治体当局者の間からは、これらの施策の充実を求めた結果、「人口の奪い合い」が激化し、自治体間の消耗戦になりはしないかとの危惧が聞こえてきます。当然の心配だと思いますが、「住民から選ばれるまち」になるためには、地域間競争を恐れてはならない、との叱咤の声も聞かれます。

3　人口政策——二つの道

この先にあるのは、人口政策をどの方向で行うかの本質的な選択です。

それは政策の動機と基本目標を「人口の囲い込み」に置くのか、それとも人口の社会的流動や交流をより促進することに置くのかの違いです。

「人口流出」という言葉には、われわれの思考を一つの方向に縛ってしまう力があるように思います。地方から大都市圏への人口流出が加速して地方消滅の危機が現実化すると聞くと、この人口移動がもっぱら一方向で続いているかのようにイメージされますが、現実の動きはそうではありません。

例を新城市に取ってみます。

新城市の人口はここ一〇年間で約五〇〇〇人減少しました。ざっと年に五〇〇人の規模です。五〇〇人の内訳は、自然減（死亡数マイナス出生数）が二〇〇人、社会減（転出数マイナス転入数）が三〇〇人という割合です（もちろん年によって両者とも変動がありますが、最近の大きな傾向としてはこのように分布しています）。

転出が最も多いのは、隣接の豊川市（人口約一八万人）への移動で、二〇一四年を取ると三五〇人、次いで当地方の中核市で豊川市のさらに下流域にある豊橋市（約三七万人）の一九四人となっています。この二市に次ぐのが、距離は離れていますが県庁所在地の名古屋市（約二三〇万人）で、一三二人を数えています。

では新城市の人口政策の軸は、これら諸市への人口流出を抑止することに置かれるべきでしょうか。

4　転入・転出の収支表

新城市では、一〇年ほど前から日々の人口移動を集計し、庁内LANを通して職員が閲覧できるようにしています。行政区ごとの出生、死亡、転入、転出を男女ごとにまとめ、転入元・転出先ともに県内であれば市町村ごと、県外であれば都道府県ごとに集計し、月次・年次の総括表を作成していますが、それを追っていると、とても興味深いことに気づかされます。それは特殊な例外を除けば、相対する地域や都市との間に一方的な転入だけ、転出だけの関係は存在しない、ということです。転出がある地域・都市との間では、必ず転入も伴っているのです。

新城市における転入・転出（人）

	転　入	転　出
豊橋市	1,188	1,465
豊川市	1,997	2,622
北設楽郡	512	232
名古屋市	618	904
首都圏	680	961
（うち東京都）	(257)	(436)
（うち東京都以外）	(423)	(525)
首都圏以外の県外	1,820	1,844
国　外	325	334

（注） 2007〜2014年の集計。

先の二〇一四年の数値で、新城市にどこから一番多く転入してきているかと言うと、実は転出数最大の豊川市からで二四六人、次いで多いのが（やはり転出数二位の）豊橋市からの一四五人、三位も同じ名古屋市で八〇人となっています。移動数の多い近隣の岡崎市、豊田市、浜松市などとの間でも、まったく同様の傾向が示されています。転出先上位は転入元上位でもある、ということです。

これを二〇〇七年から二〇一四年の八年間を通算してみると、転入：転出が豊川市一九九七：二六二二、豊橋市一一八八：一四六五、名古屋市六一八：九〇四です。転出に対する転入の割合が七割から八割程度で推移しています。

地理的により離れている首都圏との関係を見ても、やはり同様の傾向が読み取れます。同じ八年間で東京、神奈川、埼玉、千葉の四都県との間の人口収支は、転入：転出が六八〇：九六一、転出数の七割にあたる人口が転入しています。

では新城市が転入超過となっている北設楽郡三町村との関係はどうでしょうか。絶対数が少ないものの、ここでもやはり一方的な流入ではなくて、新城市からの転出が相対しています（ただし転出の二倍ほどの転入があるので、北設楽郡の社会減はより深刻だということが分かります。転入：転出＝五一二：二三二）。

最近では新城市規模の都市であっても、国外との流出入の関係がコンスタントにありますが、同期間を取ってみると、ここでの人口収支はほぼ均衡状態となっています。首都圏を除いた県外との関係もまた同様です（国外―三二五：三三四、県外―一八二〇：一八四四）。

ここから次のことが分かります。転出先地域は同時にまた転入供給地域でもあり、その絶えざる相互移動関係の中で時々の人口数がつくられていること、そして一定割合で転出超過が続く地域・都市との間で「人口流出」という結果がつくられていること（逆の場合は「人口流入」）、です。

5 国民移動調査が語ること

国の人口移動調査によると、日本人の「生涯平均移動回数」は三・一二回（男三・二一、女三・

〇三)、「生涯移動率」は七八・一%(男七三・九、女八二・二)となっています(一九九六年統計)。もちろん人口流動性の高い大都市圏とそれ以外、あるいは職種の違いによって差異はありますが、平均値を取ってみれば、一生の間に三回は転居していて、出生地から一度も転居せずに一生を終える人の割合は、総人口の二割程度だということになります。

平均値に比べて移動の回数・率ともに顕著に低い数値を示しているのは、土地に制約される農林漁業に就く男性で、それぞれ一・三一回、三三・二%です。また学歴別で見ると高学歴者ほど移動回数、移動率とも平均を大きく上回っています(大学・大学院卒は四・八六回、九二・二%)(井上孝「わが国における生涯移動とその特性」『人口問題研究』二〇〇一年、より)。

同時期に行った調査で、最近五年間に現住所地へ移動した人の移動理由では、上位から「親や配偶者の移動に伴って」(三〇・一%)、「住宅を主とする理由」(二二・四%)、「職業上の理由」(一七・二%)、「結婚・離婚」(一六・四%)となっています(国立社会保障・人口問題研究所)。これに「進学」や「親の介護」などを加えてみれば、大きなライフイベントごとに住所移動の誘因が働くことが分かります。これはわれわれの生活経験や見聞とも合致しています。また一年の間で転出入が集中するのは三―四月期ですので、進学や就職、あるいは転勤・人事異動が最大要因であろうことも分かります。

このように見てくると、「人口の囲い込み＝流出阻止」を企図しても、それが効果を上げるのは人口中のごく限られた人々に対してだけということになるでしょう。若者に絞って言えば、高等教育を諦めて、親と同居してできる仕事のみを探せ、ということになりかねません。果たしてこれが人口減少時代への正しい対処方法と言えるでしょうか。それは違うと、ほとんどの人は考えると思います。しかし実際に若者に地元定住を求める場合の語り口は、多くの場合このようなメッセージとなってしまっているのです。

6　転入と転出のダイナミズム

進学、就職、起業、転勤、転職、世帯独立、結婚、離婚、出産、住宅購入、子の教育、病気、災害、相続、介護などなど、人の一生の間には生活の転機となる事態が切れ目なくやってきます。人口移動の背景には、これらに直面した人々のそれぞれの人生選択があるはずですが、たとえば進学で一度転出した人が卒業後に戻ってくる、企業の定期人事異動で人が入れ替わる、婚姻関係の強い地域間で相互の出入りがあるなど、転出の理由は同時に転入の理由につながっています。先に見たように、転出先と転入元が常に対称関係にあるのもそのためです。言い換えると転出先と転入元との間には経済上・生活上の密接な相互依存関係がある、ということです。

社会経済活動の広がりとともに、相互依存関係でつながる地域・都市・国家も広がってきます。今では大企業だけでなく、地場の中小企業でも海外に工場を持ったり、取引先を広げたりするのが当たり前になっています。地元の会社に就職したからといってその地にとどまるとは限らず、海外赴任が長期にわたることだって珍しくありません。

こうした相互依存関係に根ざした転出入のダイナミズムを無視して自治体の人口政策を構想することはできません。この流動性こそが都市の新陳代謝を促し、新規の投資を誘発し、交通形態を発達させ、活力を持続させているからです。人の移動を少なくすることを目標とするならば、地域の活力は衰退するばかりでしょう。「出ていくな」政策は「入ってくるな」政策と同じ意味を持ってしまう時がある、ということでもあります。

7 「望む移動」と「望まぬ移動」

もちろんだからと言って、相互依存関係を追認するだけで済むわけではありません。転出の中には「望まぬ移動」も含まれているからです。新城市内在住の高校生へのアンケートで、希望した進路が実現できた場合でも新城市に住み続けたいかを尋ねたところ、三〇％が「住み続けたい」と回答する一方、五〇％近くが「住み続けたいが、通勤・通学が不便だからできない」と回答しています。

転出超過となっている近隣地域・都市との間に横たわる問題群の一端がここにあります。交通事情や居住環境などの課題ですが、同時に新城市への転入の中にも「望まぬ移動」が含まれていることも忘れてはなりません。

8　「密度の経済」

居住、移転、職業選択の自由や結婚の自由などは、民主社会と市場経済を機能させる根幹にあるものです。これに人為的・政治的制限を加えることなどありえない以上、われわれは自分たちの地域の生活環境（就業、居住、育児、教育、医療、福祉、安全、交通など）を改善することに全力を上げるほかはありませんが、それとともに、諸地域間の相互流入のダイナミズムをより増幅させることも追求する必要があります。

最近の言葉で言えば「密度の経済」ということと重なってきます。人口増加と重化学工業主導の時代、われわれは「規模の経済」による生産性向上と消費市場拡大の恩恵に浴しましたが、その「人口ボーナス期」はとうに過ぎ去りました。さらに第三次産業の比重が高まるにつれて、「密度の経済」が生産性にもたらす役割が重視されています。これを国民経済全体にあてはめてみれば、生産—流通—消費の循環密度を上げ、「ヒト・モノ・カネ・情報」の流通効率を向上させ、経済活動の密度を高めて、生産人口の減少に対抗する高生産性を追求することが求められることになります。

いわば国土の経済面積に圧縮をかける努力と言っていいかもしれません。

地域相互間の時間的・心理的距離を縮め、移動を効率化し、利用できる社会資源を共有し、情報の壁をなくし、共益関係を密にすることがそれです。それでは大都市圏への転出が加速しないかとの疑問が生じるかもしれません。もちろんその側面がありますが、大都市圏の生活環境よりも、ゆとりのある地方圏での生活を望む人々の割合も増えています。転出入がしやすい条件を整備することは、この流れも加速します。また移動の不便が解消されれば、望む場所での「定住」も、「二地域居住」も、容易になります。

9　移動は人生の選択

私は、人口減少時代に立ち向かう「地域創生」戦略には、それぞれの地域の「暮らしにくさ」を克服する努力と、連携・交流を通じた多様な移動を促す取り組みとを結びつけることが求められている、と考えています。

そして次のことを肝に銘じたいと思います。人口移動を最終的に決定づけるのは、人々の人生選択であり、何を暮らしやすさの優先事項とするかの価値選択である以上、政府―自治体の役割は、その選択を最大限に尊重し、「望む移動」はしやすく、「望まぬ移動」はしなくても済む、そんな諸条件を整えることだ、ということです。

10　家族の尊厳――自治体人口政策の原点

さらに留意すべきは、「家族」の果たしている役割です。大都市圏がより大きな人口吸引力を持つのは、究極はその経済力であり、雇用吸収力であり、利便性や住宅供給力などでしょう。しかしだからと言って、人はそれだけの理由で移転を決めるわけではありません。そこには必ず何らかの形で「家庭の事情」が介在しているはずです。

たとえ就労場所が近隣地には限られていて、外に出れば高収入を得られることが分かっていても、家族の強い求めとそうしなければならない事情があれば、その人は生地に残り、何かの生業を立てていくでしょう。仕事には不利であっても強力な育児支援が得られる理由で、親世帯近くへの転居に踏み切ることもあるでしょう。地域に有力な就職先があっても、夢を抱いて外に出ることを周囲が応援しているならば、リスク覚悟でそうすることがあるでしょう。自分は農家の後を継ぐものと思っていたのに、親から農業に先はないので安定した職に就けと言われて外に出る場合もあるでしょう。あるいは「限界集落」で一人暮らしを続ける高齢者の中には、都会に住む息子・娘家族から何度も同居をすすめられながら、自分の考えでそこにとどまっているケースが多くあることでしょう。

ここにはそれぞれの人生の選択があり、家族の営みに結びついた価値判断があります。この回路を考慮に入れない人口政策は功を奏することがありません。諸個人の生活は労働力人口や扶養者人口の確保・増大のために奉仕しているものではなく、あくまでもそれぞれの価値観に基づいて、より良き人生を全うするためにあるものです。

もちろん取りうる行動の社会的選択の幅は、その社会がつくり上げている就業形態、学業形態、居住形態、家族形態などの多様性、そしてまたそれに規定された価値観の多様性によって決定されます。それが多様であればあるほど社会は豊かさを増し、人の能力の発達も多方面にわたっていくはずです。

自治体政策は、何よりも人々の人生選択と家族の尊厳を、最大限に尊重するものでなければならないと思います。そして次の時代をつくるであろう新しい価値観や価値創造への選択を、積極的に受け止めることができなければならないと思います。

11　時代変革は誰が創り出すか

「少子化対策」――出生率・数の向上を目指す政策にあっても、同じことが言えます。国―自治体の政策を貫く根底に置かれるべきは、社会の中の「結婚しにくい」「産みにくい」「育てにくい」諸条件を一つひとつ丹念につぶしていく取り組みで、結婚・出産を一つの鋳型に流し込んだり、同調圧力をかけたりするに等しい状況をつくり出すことではありません。

たとえば未婚の男女に「結婚しない・できない」理由を尋ねた調査からは、大変に興味深い傾向が読み取れます。二〇一三年の秋、内閣府が二〇歳〜七九歳の未婚の男女に未婚または晩婚化の理由の聞き取り調査をした時の答えです。女性は、自由や独り身の気楽さを失いたくないという理由が五五・二%を占め、男性は、（家庭を持つほどの）経済的な余裕がないという理由が五二・〇%を占めました。新城市で最近行ったアンケートでも似た答えになっています。

女性は経済的自立や自由が失われる恐れがあるので結婚を選択していないのに、男性は家庭を養う経済力がないので結婚に踏み切れないと考えているのです。女性の側が拒否したいと考えている結婚モデルを、男性側はなお追い求めているために非婚・晩婚がさらに進んでいるわけですが、同時にここには今までとは違った家族形態が生まれてくる予兆も潜んでいます。

長らく国が国民経済の基礎となる標準家庭モデルとして想定してきたのは、夫が終身雇用型のサラリーマン、妻が専業主婦もしくはパート労働、子が二人という家族形態でしたが、それはもう実際の標準とは言えなくなっています。企業の賃金体系も共働き前提のそれへと移っていますし、数年前には若年勤労者の可処分所得において、ついに女性のそれが男性のそれを超えたと報道されました。夫よりも妻の方が高収入の家庭が増えれば、家事や育児に対する価値観も相当に変わっていくでしょう。

大きな時代変革は、つまるところ、生活する国民が取る社会行動の選択とその総和によって方向が決定されます。国が、将来予測に基づきこうあるのが望ましいと考えるものと、国民の社会行動の選択とがかい離すれば、その政策からは有効性が失われます。

高度成長期に適応していた両性関係や家族形態と、人口減少・女性活躍期にふさわしいそれとでは大きく異なったものになるはずです。就業形態、交通形態、居住形態においてもまた同様でしょう。

12　根本からの検証にさらされる政府政策

このような意味で、人口減少時代は、われわれに政策の有効性に関する検証を根底から迫ります。そして従来の政策原理からの意識的な転換を迫ります。

たとえばわれわれはこんな発想をします。「このまま少子化が続けば超高齢社会の支え手がいなくなり、国の経済力も衰退を続けてしまう。女性の活躍と子育てが両立できる施策を講じよう」、と。そしてそのためのさまざまの助成制度や支援策などを予算化したり、立法化したりします。結果として求められるのは出生数・率が向上し、生産人口が厚みを増すことです。地方消滅の危機に対しては、地方への人口逆流をつくり、「東京一極集中」を是正することに目標が置かれます。

ところがこれまでもこうした政策目標は追求されてきたはずでしたが、確かな効果を上げたとは言えません。

政府自らがそれを認めています。

政府は地方創生戦略の策定にあたっての閣議決定文書で、「従来の政策の検証」を次の五点にまとめています。なぜこれまでの施策が有効でなかったのかを、自己検証したものです（二〇一四年一二月二七日付）。

㈠府省庁・制度ごとの「縦割り」構造、㈡地域特性を考慮しない「全国一律」の手法、㈢効果検証を伴わない「バラマキ」、㈣地域に浸透しない「表面的」な施策、㈤「短期的」な成果を求める施策、の五つです。

13 信頼性と有効性――政策原理を問うもの

この「従来の政策の検証」は、額面通りに受け取ると、国には問題解決の戦略能力がなかったと、告白しているに等しいものです。底の浅い対症療法的対策を、府省庁ごとにメニュー化したにすぎなかった、と総括されています。この面での政府政策への信頼性は低いと、認めざるをえません。

代わって国は地方の自主的で個性的な取り組みを促そうとしています。全自治体に「まち・ひと・しごと創生総合戦略」策定を義務づけ、優れた施策を国が評価するという、いささか倒錯した手法によるものですが、地方の側もまた政府政策に依存してきた従来の志向からの、根本的な脱却を急がなければならないはずです。

ではこれまでの政策原理のどこを、どう転換させるべきなのか。

先に私は、「大きな時代変革は、つまるところ、生活する国民が取る社会行動の選択とその総和によって方向が決定されます。国が、将来予測に基づきこうあるのが望ましいと考えるものと、国民の社会行動の選択とがかい離すれば、その政策からは有効性が失われます」と書きました。

人は与えられた環境の制約の中で生活し、行動しますが、同時に環境を自ら変えるアクションを取ることができます。既存の環境を能動的に変える場合もありますし、引っ越しや転職で変える場合もあります。居住、移動、職業、婚姻なども、実に人の行動によって自らを取り巻く環境を大きく変える選択でもあります。価値判断が強く求められる場面であり、また将来設計や行動力が試される場面でもあります。

出産、育児、教育ともなれば、なおさらにそうでしょう。

14　動員型・誘導型政策手法の限界

これまでの政府政策は、産業集積とその配置を誘導したり、大規模開発をけん引したり、基盤整備を促進したりすることには、かなりの成果を上げてきたと思います。土地利用を高度化し、土地収益力を最適化する区域区分規制とセットになって、です。この結果、一定の方向に向かって国民を動員し、誘導する手法は十分に蓄積されてきたと思います。

ところが人々の自由意思がモノを言う領域では、政府政策はほとんどが絵に描いた餅で終わっています。その領域においても動員型・誘導型の政策手法しか知らないからで、要はより有利な環境整備をすれば不満足は解消されると予断されているのです。地方にも都会なみの社会基盤整備を進めて、人口流出抑制を企図する、といった施策が典型です。

15 意思ある人々の行動選択

繰り返すように、国民に移動の権利が制限されていれば、この手法によって全国各地均衡のとれた振興がなされるかもしれません。しかし、公共政策の整備を待つよりも居住や就業の場所を移した方が手っ取り早いと判断されれば、人の流れはそちらに向かざるをえません。

さらに環境を変える人々の主体的・能動的なアクションを受け止め、後押しし、そのパワーを社会改革のエンジンにしていく手法も体制も備わっていません。国民は政策・制度の受益者もしくは忍従者、あるいは批判者ではあっても、その「創造主」とは認識されていません。

しかしGDPの過半を民間消費が担い、年金、医療、介護などを独自の保険制度がカバーしている今日にあって、事態の決定権は国民多数が選択する社会行動が握っています。どんなに精緻に考案された社会保障制度であっても、たとえば政府への信認が欠けて保険料の不払いが続出すれば持続不能になるでしょうし、出生率向上のための施策が展開されても、出産適齢期の女性が想定と大きく異なった家族モデルを選べば、的の外れた財政支出が積み重なることになるでしょう。

ですから、社会保障制度を抜本的に立て直すべき「端境期」にある今、家族形態や就業形態の変化をどう見通すかは、とくに決定的な意味を持ってくると思います。そしてこれからの家族形態がどうなっていくかは、適齢年代の女性とパートナーたちがどんな行動選択をするかにかかってくるはずです。ところがその社会的意思を読み取り、反映させる能力こそ、わが国の政策形成に一番欠落しているものだったのです。

16 「若者と女性が活躍する社会」のために

こうして「若者」と「女性」が、事態のカギを握っていることが認知され始めました。だからこそここで大切なことは、ただ「若者と女性が活躍できる社会」を標榜し、そのための幾つかの環境整備を施せば済むと考えることではなく、「若者」や「女性」の社会意思を組み込むことのできなかった従来の政治システムに根本的な変革を迫り、その欠陥を乗り越える新たな公共意思決定の仕組みを構築することだ、ということです。

「若者」や「女性」が、何を望んでいて、何を望んでいないのかを自ら発信できること、自分たちが望む社会の実現に向かって公共政策過程に働きかける機会が保障されていること、それによって政治決定への信頼性が増し、自分たちの選んだ制度だとの当事者意識が高まること。これらの積み重ねなしには、新たな社会制度を定着させ、持続的に発展させることはできません。

今やその流れを創り出すために、社会責任を負ったすべての人々が力を奮わなければならない時です。

第二章　人口減少時代への入り方
――世代のリレーと経済の循環

1　「若者政策」

新城市では、二〇一四年一二月議会において「若者条例」と「若者議会条例」を制定し、二〇一五年四月から施行しています。二〇一三年一一月に行われた合併後三期目の市長選挙でのマニフェストに基づくものです。

「若者政策」は、一部の自治体で先駆的に取り組まれていますが、まだ十分に認知が広がっているとは言えない分野です。とはいえ地方創生や少子化対策、あるいは「一八歳選挙権・主権者教育」の文脈の中で、関心と注目が広がっている分野でもあります。

2　政治の死角としての「若者」

国においては二〇一〇年に「子ども・若者育成支援推進法」、二〇一四年に「子どもの貧困対策の推進に関する法律」を施行し、現代の若者を取り巻く社会的困難や「子どもの貧困」への対策を立法化しました。バブルの崩壊から「失われた一〇年（二〇年）」を経て、若者の置かれた社会経済環境は悪化の一途をたどりましたが、しばらくの間この問題は日本政治の「死角」となっていました。貪欲な拡大成長期に若者時代を過ごした政策当局世代には、物質的豊かさの裏腹で進行する事態の深刻さが、どうしても理解できなかったことが一因であったろうと思います。

それは、つい最近まで「貧困の存在」そのものを認めたがらなかった政府の態度に、端的に表われていました。自分たちのつくり上げた経済社会は、貧困や格差をとうの昔に克服してきたはずで、現代に貧困・格差があっても例外的なものか「自己責任」に属するもの以上ではないと、扱いがちでした。しかしこの面での荒廃は足元で確実に広がり、社会の明日の活力を蝕むリスクになろうとしています。政治社会も徐々にこの問題に向き合い始めたのです。

3 「若者に期待すること」と「若者が期待すること」

「若者政策」を掲げた市長選挙の直後、私は後に若者政策グループを形成することになる二〇人ほどのメンバーの会に呼ばれて話をしたことがありました。与えられたテーマは「新城の若者に期待すること」です。

そこで私は一〇代、二〇代の彼らに向かってこう問題を投げかけました。

私はもう六〇歳を越えていて、君たちの親以上世代だが、私の前後の世代が、君たち新城に暮らす若者に期待していることはどんなことだろうか？　想像してみてほしい。

君はどう思うか、と指名した最初の男子学生が、ものの見事に答えてくれました。

「このまま新城で働いて、新城で家庭を持って、新城で暮らし続けてほしい、ということだと思う」、と。

これはまさに図星の答えです。議会や区の会合で「若者政策」というテーマが出たら、そういう視点からの意見や要求が多くなるでしょう。政策用語に直せば、「若者定住」です。

そこで私はさらにこう投げかけてみました。

では、君たち自身にとって、これからの人生を考える上で「定住」は優先度の高い目標だろうか。

集まった二二人の若者に手を挙げてもらったところ、「定住」の優先度が高いと答えたのは三人でした。それ以外の参加者は、ほかに優先度の高い目標があると言います。

これもごくごく自然のことです。

「政策」を考える上でこの「ズレ」はとても重要なことで、その政策が当の若者の必要や行動様式に合致していなければ、良い結果を出すことはできないし、「若者が活躍できる社会」を築こうと思えば、君たち自身が何をしたいのかを明確にし、社会に伝えることが必要なのだ、と、そんなことを語りかけました。

4　社会への入り方・迎え方――「移行期」とは

「若者政策」の原点に座るべきは、自分たちが社会に影響力を及ぼす存在であることを知り、そのための行動に出ることに価値があると思える自負・自覚・自尊を獲得することにあります。

一般に「若者政策」は、子どもから大人時代への「移行期」を取り巻く諸問題、とくに移行期に特有の困難を解決する方策を指しますが、現代の移行期はこれまでとはまったく異なった生活条件の中に若者世代を押しやっています。

グローバル経済の凄まじいコスト競争の中で、高度な専門性や指導性を要しない平均的労働は、新興国の賃金水準並みへと切り下げられる圧力に絶えずさらされています。既得権を防護するすべを持たない人々には、その分だけさらに強い圧力がのしかかってくるでしょう。いわゆる「底辺への競争」と呼ばれるものです。自分たちが社会に必要とされる存在であるのかどうか、その根源的不安の中で経済的自立を果たせないままに年齢だけは重なっていく、そんな恐怖と裏腹にあるのが現代の「移行期」です。

どの分野でも、どんな形ででも、若年労働を「金の卵」として産業社会が欲していた時代とは、まるで違った風景がそこに広がっています。

日本の若者を守り、彼らの行動選択によって決定される日本の明日を守るために、われわれはこの状況を乗り越えていかなければなりません。それは人口減少時代に、縮小するパイを奪い合うことを原理に据えた社会を選び取るか、新しい成長の土台としての公正なシステムを構築するかの岐路でもあろうと思います。

5 「新城市若者条例」

このような観点から、新城市若者条例は、次のことを明示することになりました。

まず条例は前文でその趣旨を述べています。

「世代のリレーができるまちづくり」は、次代の社会を担う若者の人口が減少している状況下においては、市民全体で若者を応援し、若者が、学校や会社に限らず、地域活動、市政等のあらゆる場面で、より一層その能力を発揮して活躍することができる環境を整え、このまちに住みたいと思える魅力あるまちをつくりあげることで実現されるものである。

このような認識の下、多くの若者が思いや意見を伝える機会を確保し、さまざまな場面でこれらを反映する仕組みを新たにつくるとともに、若者も自ら考え、その責任の下、主体的に行動することにより「若者が活躍するまち」の形成を目指すことで、真に市民が主役となるまちと世代のリレーができるまちを実現するために、ここにこの条例を制定する。

そして基本理念をこう定めます。

第三条　若者が活躍するまちの形成の推進は、次に掲げる事項を基本理念として行わなければならない。

(1) 若者が地域社会とのかかわりを認識し、他者とともに次代の地域社会を担うことができるよう社会的気運を醸成すること。

(2) 若者の自主性を十分に尊重しつつ、その自主的な活動に対して必要な支援を行うこと。

(3) 若者、市民、事業者及び市が、それぞれの責務を果たすとともに、相互の理解と連携のもとに、協働して取り組むこと。

この規定に基づいて市には、若者が活躍できるまちづくりのための総合政策を策定すること、若者が市政に対して意見を述べる機会を確保し、市政に反映させるよう努めること、さらにその施策推進のために必要な財政措置を講じること、を義務づけています。

具体的には若者議会から建議された政策のために、一定規模の予算枠をあらかじめ設けておくことで保障しています。

6　若者政策が問い迫ること

この条例制定の過程では、当然ながらさまざまな議論が交わされました。「若者」という特定の世代を対象にした政策を策定する目的は何か、そこに特別な財源を設けるのは、高齢者等他世代との公平性に疑義が生じないか、などなどです。しかし特定の世代に関わる政策や法制度は、老人福祉法や児童福祉法などすでに当たり前になっているものがありますし、男女共同参画社会基本法・雇用機会均等法に見られるような性差、障害者総合支援法のような身心障害差に焦点をあてた諸政策が施行されています。これらはみな、その対象となった人々の置かれた社会的状態を改善することを政治の意思として定めたものです。それがより公平で公正な社会と、より多様な能力が発揮される社会活力の開発に資するとの、基本的合意に基づいているはずです。

ですから「若者政策」の必要を承認するかどうかは、若者世代を特別扱いするかどうかではなく、若者の置かれた状態を改善する必要を承認するかどうか、それが社会全体の利益につながることを承認するかどうかにかかっています。若者の意思と行動を政治過程から疎外し、その自立や自己決定を阻むような経済的地位に置いたままにするのが社会の利益につながるか、との根本的問いへの答えがそこにあります。

7　若者政策と高齢者政策のつながり

一方「若者政策」については、しばしば「シルバーデモクラシー」との対比において説明されることがあります。有権者の中で高齢者の比率が高まり、かつ投票率、既成組織の力などの影響で、高齢者向け施策は充実するが、若者への政策支援が手薄になりがちになること、少子化の中でその弊害が顕著となってくるために、財政資金の投下配分を若者向けに傾斜させていく必要があること、などが主張されます。いわゆる「世代間不公平」の視点に基づくものです。

より少数の現役世代で、より多数の高齢者を支えることになるこれからの社会を考えると、大きな意味では子ども・子育てや若者支援により多くの公共財を振り向けていく必要があることは明らかです。

しかし自治体政策の領域で言えば、若者政策のために高齢者福祉から財源を移すといった方策をとることはできないでしょう。新城市の若者条例が財源措置を謳っているのも、その観点によるものではありません。それはむしろ地域経済の新しい資金循環を意識したものです。

高齢化率が高まり、製造工場の海外移転が進んだ今日、中小地方都市や中山間地を含んだ地域経済では、総所得のおよそ三分の一を年金所得が担っていると言われています。さらに三分の一を公共部門が担い、もう三分の一が民間経済によっています。ここから次の地域経済力を構築していくためには、民間産業の誘致・振興・創業とならんで、年金所得支出と公共財支出が、若者や女性の経済活動に還流され、その自立を助け、そこから地域経済の新たな付加価値が生み出されていく、そんな仕組みを意識的につくることが求められてきます。地域経済の中で所得の世代間移転を実現させ、「世代のリレーができるまち」の物質的基盤を創出することがそれです。高齢者数そのものが減少期に入るまでの一〇～二〇年間程度が、そのために託された時間であろうと思います。

8　若者の社会的負担――都市と地方との逆説

地域社会の世代構成と所得構造が、従来とは根本的に変わったことによって、こうした新たなミッションが生まれてきたわけですが、それに伴って一般に流布されている誤解も解いておきたいと思います。

それは高齢化率が高まり、生産年齢世代率が低下することで現役世代の負担が重くなる、という命題に関連することです。国全体においてはこの命題は疑いないところでも、それをそのまま地域経済にあてはめて、高齢化率の高い地域の若者の負担も先行的に増大すると、安易に考えられていることです。

結論を言えば、事実は反対です。高齢化率が高い地域の若者は、それの低い大都市圏の若者よりも、社会的負担感はずっと軽くなるはずです。

なぜなら年金会計は地域ごとに運営されているのではないからです。

その地域の現役世代がその地域の高齢者年金を支えているのではなく、国全体の現役世代が国全体の年金財政を支えています。したがって高齢化率の高い地域の年金収入は、現役世代の数に比して相対的に多くなります。高齢者の消費支出がその地域でなされるほど、現役世代の実質的負担は軽くなります。

さらに地域の民間経済力＝税収だけでは賄えない公共サービスは、その市町村に対する地方交付税収入などで補てんすることになりますから、この面でも域外でつくられた所得が移転してきています。

こうして高齢化率が全国平均よりも高く、財政力の弱い市町村に住む若者は、大都市圏に住む若者よりも社会的負担は相対的に軽くなります。

これまでは大都市圏の方が賃金水準が高く、雇用機会が多く、恋愛・結婚のチャンスが多く、人生の展望が開きやすかったので、若者は大挙してそちらに移動したわけですが、局面は変わっています。もちろん大都市圏には変わらぬ魅力があり、活力があり、富の集積があり、遊び・文化・スポーツなどのアメニティが充実しているので、なお多くの若者を惹きつけるでしょうが、それを享受できる人の割合は低下し、若者の社会的負担が増大するのも避けられません。

そしてそれを知ってから、地方社会に目を移したときに、以前とはまったく異なった光景が見えてくるのです。地方の暮らしの方が、所得の絶対値に比べてゆとりがあるのではないか、ということです。超高齢化と少子化・生産人口減少が同時進行する日本での実相がそうなっているので、この価値転換も決して一時の気分が生み出したムード的なものではありません。

9　年金所得の行方

年金所得支出が若者や女性の経済活動に還流され、新たな付加価値創造に転換されるためには、もちろんそれを実体化する特別の仕掛けが必要です。地域所得の三割を占めるにいたった年金収入の集合的パワーは、その多くが地域金融の中に蓄積されています。地域の中に有効な投資先（融資先）が見つからなければ、その資金は外部に流れたり、国債消化に向かったりするばかりです。新たな価値創造に結びつく地域経済活動のために、いかに地域金融を活かしていくか。いま多くの自治体が知恵を絞っています。

われわれの社会には、すでにかなりな水準に達している地域公共財ストックがあり、有望な投資先を求めている地域金融の蓄積があり、新しい技術、情報、アイデア次第で確実な果実をもたらしてくれる地域資源が潜在しています。地域金融の私募債ノウハウを活かした市民ファンドを創設して、再生可能エネルギー（自然エネルギー）事業を展開する事例、公共施設のリノベーショ

都市規模と年金収入，高齢化率の関係

住民人口	市区町村数	収入の年金割合	65歳以上比率
1,000～　4,999人	205	31.5％	35.3％
5,000～　9,999人	245	29.5％	30.9％
10,000～ 49,999人	706	29.0％	27.3％
50,000～ 99,999人	270	23.4％	23.9％
100,000～199,999人	162	21.4％	22.6％
200,000～499,999人	95	19.7％	21.9％
500,000～999,999人	23	18.0％	21.1％
1,000,000人～	11	17.7％	20.3％

（注）東京区部は23区それぞれがカウントされている。人口は2011年3月末の「住民基本台帳人口」（総務省）による。中村良平『まちづくり構造改革―地域経済構造をデザインする』（日本加除出版，2014年）より転載。

ン企画に若い才能を活かし、そこを拠点にしたベンチャー創業を後押しする融資に自治体が信用保証をつける事例など、地域社会そのものをフィールドにした新しい資金循環と付加価値創造の仕掛けづくりが、すでに各地で始まっています。

10　自治体の産業政策

新城市では、このような展望を踏まえ、若者政策の推進と並行して「地域産業総合振興条例」の制定に取り組みました。

従来、小規模自治体には独自の産業政策と言えるようなものはありませんでした。

それに近いものがあったとしても、国や県のインフラ整備に合わせた企業誘致や商店街対策、国・県事業にプラスアルファする農林業支援などにとどまっていました。これを大きく変える契機は、一九九九年の中小企業基本法改正で初めて「地方公共団体の責務」が加えられたことによっていますが、そこでは「国との適切な役割分担を踏まえて、その地方公共団体の区域の自然的経済的社会的諸条件に応じた施策を策定し、及び普及する責務を有する」（同法第六条）と定められています。これを受けて都道府県の条例や市区町村条例の制定が進みました。

11 「地域産業総合振興条例」

新城市の条例案は、その先行事例にも学びながら、中小企業に限定せず、またさまざまな地場産業や生活支援サービス、再生可能エネルギー事業、「産学官金労」連携、農林業への新規就業、さらには若者や女性の起業・創業支援、コミュニティビジネスの可能性などにもリーチを伸ばして、「産業自治」という目標を打ち立てています。

同条例案は「基本方向」を次のように定めています（第七条）。

この条例の目的を達成するため、本市では市民、事業者、行政区等が協働し、地域資源の価値を学び、地域産業の振興の仕組みを総合的に強化し、市内での消費、投資、取引等を通じて資本の循環を促し、地域経済が持続的に発展するよう、次に掲げる支援を行います。

(1) 市内での雇用を増やし、又は取引を拡大し、技術革新及び商品開発に取り組む事業者への積極的な支援

(2) 地域資源を発掘し、起業し、又は創業するとともに、新技術及び新事業の開発に努める事業者への継続的な支援

(3) 市内で起業し、又は創業する若者及び女性への人材、資金、情報等の提供による総合的な支援

(4) 地域協議会の理解及び協力を得て、コミュニティビジネスにより地域社会の自立を図ろうとする地域自治区への人材、資金、情報等の提供による総合的な支援

(5) 市内、三遠南信地域を始めとした近隣地域、大都市及び国外の消費者及び事業者との交流並びに連携促進への支援

(6) 自然災害、東海地震等を想定し、災害等から被災者の命を守り、生活再建、事業所再建等に貢献する産業への人材、資金、情報等の提供による総合的な支援。

12　女性の起業・創業の持つ意味

この地域産業総合振興条例の審議過程では、市内企業等へのヒヤリングやアンケートを大学ゼミの協力なども得ながら大規模に行い、さまざまなニーズ把握がなされました。とくに、まだ少数ながら活躍している女性起業家との面談調査からは多くの示唆が得られましたが、その調査レポートは次のように指摘しています。

「女性の起業は、独自・単独ではじめているケースが多い。その要因として考えられるのは、生活関連・子育て・学習関連の業種が多く、そのサービス等への違和感や不便さから、その解消策を事業に結びつけて熱意をもって起業されているケースが多いように感じられる」と。

地域社会をフィールドにした起業には、間違いなくこの指摘に該当するものが多くあります。それはつまり、さまざまな「暮らしにくさ」をビジネスの機会に変えている、ということです。それが徐々に広がっているのは、配偶者やその他家族の理解・応援が増えつつあること、また金銭負担をしてでも充実した生活支援サービスを利用したいと考える世帯や個人が増えつつあることなどによっています。

女性の就業形態が変化し、子育て支援が充実化していけば、このような生活密着型サービスの需要はさらに増えていくでしょうし、それはまた介護離職を回避するためのサービス需要も生んでいくでしょう。そこにコミュニティビジネスの芽も広がってきます。

公共ストック、行政支援、地域金融が相互補完しながら新しい投資環境を整備するとともに、域内消費を刺激する諸方策を開発する能力が問われてきます。

13　経済循環をつくる公共政策

地域産業の自立的振興を図り、若者や女性の社会的自立を助けるわれわれのチャレンジは、人口減少時代への「入り方」を誤らないための欠くことのできない取り組みだと思います。現役世代の負担を軽減する道は、高齢者福祉を削ることによってではなく、そこに費やされる社会的費用が、まわりまわって若者世代の社会経済活動を刺激する元手となるシステムを構築することによらなければならないはずです。

そしてそこには、必ず何らかの公共政策の介在が求められます。裕福な家庭であれば、富の世代間移転は放っておいてもスムーズに進むのに、多くの家庭では相当な努力が必要で、困窮家庭では逆により倍加された困窮が移転される可能性が高まります。いわゆる「貧困の連鎖」です。さまざまな格差が広がる中、この不合理を是正して、どの子ども、どの若者もその能力と努力に応じて人生の充足を得られるようにするには、それを目標とする社会全体の強い意志と、その実体を築くための適切なシステムやプログラムが必要です。

14　人口減少時代を分かつ分水嶺

地域社会における公共政策過程に若者や女性が関与し、このシステムやプログラム構築に彼らの意思が反映する仕組みをつくり上げる取り組みは始まったばかりで、まだ普遍的な政治参加形態を生み出すにはいたっていません。

しかし限られたパイを奪い合う愚を犯すことなく、すべての人の能力がより良く発揮できる公正な社会を創造するには、この試みが大きなムーブメントとなることが必要です。おそらく全国多くの自治体や地域コミュニティの中から、その社会的潮流が広がっていくと思われます。

企業社会の中では既得権防護のすべを持たず（既得権そのものがない）、時としてなすがままの劣悪条件の中での労働を強いられがちなのが、現代の若者世代です。その社会的経済的地位を引き上げることなしに、人口減少時代の社会活力を生み出せないことも、自明の理でしょう。

しかしそれは経済原理によるだけでは解決を見ることができません。ほかでもなくグローバル領域での経済競争そのものが、若者を便利な使い捨て労働力として使役するマーケットを常態化させました。政治の意思、とりわけ地域の公共政策決定によって、新たな解決策を見出す努力がことのほか必要になっています。

15 「子ども・子育て」へ

今まで述べてきたことから、人口減少時代に立ち向かうもう一つの重要論点が出てきます。「世代のリレー」において、バトンタッチすべき次代の人的能力が、自分たちの代よりもさらに高いものになるよう努める責務のことです。かつて一〇人の現役世代で一人の高齢者を支えていたのが、五人で一人になればかつての二倍の、二人で一人になればかつての五倍の重みを生産世代が担うことになります。その重荷を重荷とだけさせないためにできうることは、次世代者一人ひとりの価値を高め、次代の人材が先行世代よりも何倍も優れた能力を発揮できるよう十分に配慮することです。

新城市では、その最大のポイントを担うのが幼児期の教育・保育であり、子育ての使命を地域社会全体が担うことにあるとの確信のもとに、二〇一三年度より「新城版・こども園」制度をスタートさせました。

次章ではこのことに触れさせていただきます。

第三章　新たな社会保障としての「子ども・子育て」政策

1　「新城版・こども園」のチャレンジ

消費増税の是非で激しい論争を生んだ「税と社会保障の一体改革」路線は、増税の問題とは別に、日本の社会保障制度を大きく変える画期を内包したものでした。それは、国が予算措置すべき社会保障分野に、従来までの年金、医療、介護に加えて「子ども・子育て政策（少子化対策）」を初めて組み込んだことです。

その基になった「民・自・公三党合意」が交わされたのが二〇一二年のことでしたが、新城市では二〇一三年度より市立の二幼稚園と一七保育園をすべて統合し、全園を「新城版・こども園」としてスタートさせました。三歳以上の子には、それまで保育を受けるために要した「措置要件」を撤廃し、希望すれば誰でもが入園でき、同一のカリキュラムで就学前教育を受けられるようにしました。基本保育料を無償化させるとの当初市長提案は残念ながら議会の同意を得られませんでしたが、県内最低料金でのスタートに修正された上で運営が始まりました。

ここにいたるには、まる二年以上にわたる検討と議論の積み重ねが必要でしたが、子育ては親の義務と責任であるばかりではなく、地域社会全体の責任でもあるとの考え方が出発点になっています。

すべての子どもに行き届いた就学前教育と保育を保障することを、自治体の義務的措置とすべき、と考えたのです。

ここには、地域に育つ子どもと子育て家庭を孤立させない、との決意が込められています。

現代の若者世帯にとっての子育て環境は、決して恵まれたものではありません。親世代や祖父母世代の支援、あるいは公的サービスが受けられる場合にはまだしも、その条件のない場合には、ほとんど余裕のない時間のやりくりに追われているのではないでしょうか。

そのギリギリのラインが決壊すれば、生活の崩壊にいたることもあります。

2　ある児童寮から——なくならない「孤児」たち

新城市内にある児童福祉施設で私が学んだことをお話ししたいと思います。

その施設は、さる篤志家のご夫妻が、終戦直後に児童寮として設立したものです。そのころの児童福祉施設と言えば、多くが「戦災孤児」たちの世話から始まっていますが、ここも同様でした。

戦後の復興がなって以降もこの施設は立派に運営され、先見的な取り組みによって関係者の間でも広く知られるところとなりました。戦災孤児の時代は去ったものの、親の離婚、死別、困窮などによって、福祉施設で抱擁してあげなければならない子どもの存在はなくならなかったのです。

現在この施設は創設者夫妻のご子息らによって引き継がれ、多くの尊敬と支援の志を集めています。毎年クリスマスの時、市長はサンタクロースに扮してここを訪れ、ささやかなプレゼントを贈る役を仰せつかります。

このような折、経営と指導にあたられている先生からいろいろお話を伺うのですが、市長になって最初の訪問の時、先生は私にこう語られたのです。

「県内に同様の施設が一〇ヶ所ほどありますが、どこも定員一杯です。把握されているだけでも、その倍ほどの子どもが待機しています。戦災孤児の時代も終わり、豊かな社会になり、その上に少子化で子どもの数全体はどんどん減っているのに、ここに入らなければならない子どもの数は増えるばかりなのです」。

「なぜかお分かりですか？　虐待です。ネグレクト（育児放棄）もあります。本当に深刻です。いま世間では少子化対策と言いますが、現に生まれてきた子どもたちが虐待を受け、ひどい場合は命を奪われています。それを放っておいて、子育て支援といっても虚しくはありませんか」。

「親が悪いというのは簡単です。しかし親御さんも苦しんでいます。家族のあり方が変わってしまった以上、家族の代替機能を、地域や社会が果たさなければならないのではないでしょうか」。

3　「家族の代替機能」ということ

その後この児童寮ではアメリカに研修生を送り、「ヘルシースタート」のプログラムを始め、家族療法や子どもの行動療法を取り入れ始めました。このプログラムは、リスクを抱えそうな親に対して出産前後から地域ボランティアが継続的に関わり、愛情ある子への接し方、親としての尊厳、しつけ方などなどを一緒に学んでいくものです。ここでかかる費用は、後で問題が起きた時にかかる費用の何分の一かで済む、との考えがこの事業を支えている、とのことです。

この話を聞いた時から、「家族の代替機能」という言葉が私の耳元を離れなくなりました。

もちろんいかなる社会組織も家族の代わりを完璧に果たすことはできません。

しかし家庭の崩壊に手を差し伸べなければ、崩壊は連鎖を起こし、可能性のある人間の将来が閉ざされてしまいます。

家庭の営み方や親子関係のつくり方に社会的な支援を行うこと。それは、虐待や貧困の「連鎖」を断ち切り、すべての子と親の尊厳を守ることによって、家族の再建に寄与するという意味で、「家族の代替機能」を果たすことにつながるのではないでしょうか。

とくに日本では、義務教育前の子どもへの養育は、母子保健制度を除けばほとんどが私的裁量に委ねられています。家庭の経済状態や教育熱意によってまったく異なった状態に子どもたちが置かれるのが実状です。

それだからこそ、幼児期における教育と保育・療育をすべての子どもに保障し、義務教育への接続期を社会全体で支えるプログラムを完備することの重要性はいよいよ増大していくものと思います。

4 「こども園基本構想」から

新城市におけるこども園制度の構築にあたっては、関係者の間で幅広い議論を重ねてきました。保育園や幼稚園の現場職員はもとより、幼児教育の専門家、児童福祉の専門家、保護者会の代表、障がい児を持つ親の会代表、教育委員、公募委員などが検討会議を繰り返して、現状の問題点とともに新城市らしい保育や教育のあり方を追究してきました。

その基本構想をまとめるにあたってとくに議論の的となったのは、従来の措置要件（家庭での保育ができないことが認定されて入園ができる）を撤廃して希望者全入を実現することに伴う「モラルハザードのリスク」です。保育受け入れ条件を緩和することが、「育児放棄」を助長することにつながりはしないかとの危惧に結びついています。

これはちょうど介護保険制度が導入される時に起こった議論と似ています。親の世話をする義務を放棄して、他人に介護を任せるならば家庭の崩壊を促進するだろうとの批判を思い起こすことができるでしょう。

これに対して制度設計の基になった報告書「新城版・こども園基本構想」（二〇一一年四月）は、次のように自らの立場を示しています。

受け入れ時間の柔軟化を始めとした保育（就学前教育・養育）のサービス向上を「子育て放棄の助長」ととらえる傾向がまだまだありますが、これからのサービスは保護者のために子どもを安全に預かるというだけではなく、「子どものため」に失われつつある仲間・空間・時間の三つの間を確保し、提供するものでなければなりません。そして、保護者も子どもと共に学ぶことができる子育て支援を展開しなければなりません。

こども園発足時の新聞記事（『東愛知新聞』二〇一三年年四月五日付け）

独自の幼保一元化 「こども園」スタート

新城市 全19園で入園式

新城市は今年度、市営幼稚園、保育園を一元化した「こども園」を全19園で運営を始めた。4日には、各園で入園式が行われた。

市は2010（平成22）年度から構想を掲げ、家庭の事情にかかわらず、すべての子どもに就学前教育を保障、成長を支え、子育てを支援する地域拠点として「こども園」を開始することにした。

旧新城市・鳳来町・作手村時代の合併以前から公営の幼稚園と保育園があり、待機児童がいない現状から「新城市独自の幼保一体化」を目指して移行した。

同市富岡の「八名こども園」（旧八名幼稚園）では、1、2歳児の保育を開始。園児115人のうち1歳児3人、2歳児6人が入園し、親と一緒に式に臨んだ。

一方、同市東入船の新城こども園（旧新城幼稚園）は、近くに「中央」「城北」の二つのこども園があるため、3歳以上の児童のみを受け入れている。

（安藤聡）

式を終えて帰宅の途に就く園児と親たち
＝新城市八名こども園で

幼稚園は就学前の子どもの教育機関として発足しているため、三歳児以上ならば保育に欠ける欠けないに関係なく入園できますが、保育時間が短く設定されていることや夏休みがあることなどが原因で、限られた子育て環境にある保護者と子どもしか利用できない状況となっています。

保育園は働く保護者に代わり子どもを養育することを目的とした施設のため、〇歳児から就学前の子どもを対象とし、保育時間も幼稚園に比較して長時間になっています。保育に欠けないと入園することができず、私的契約として入園に配慮していますが、各家庭の子育て環境によっては利用しにくい状況があります。

幼稚園、保育園ともに子どもにとって等しい育成環境を生み出す制度にはなっていません。同じように生まれ、義務教育では等しく扱われる子どもが、就学前の時期だけ区別されているのは、子どもの視点で制度がつくられていないからと言えます。

様々な子どもの権利を保障することは公共の役割です。そして、その担い手が自治体であり、地域であり、家庭であり、保護者です。

子どもは、学力をつける年齢になれば義務教育である学校教育を受けられます。しかし、子どもの心身の健やかな成長を促す上でとても重要で、生涯にわたる人間形成の基礎が培われる幼児期では、それぞれの家庭環境等により、また幼稚園、保育園といった制度の違いにより、必要とされる就学前教育を受ける機会が等しく与えられているとは言い難い状況にあります。

新城版こども園では全ての子どもに共通の権利として、早期教育や英才教育ではなく、就学前の年齢の子どもに見合った与えられるべき教育を探求し、与えていかなければなりません。

子育てが困難になった時代、子どもが受難の時代に、子ども・子育てを子育て家庭だけの問題とはせず、地域社会全体の課題として取り組み、地域で育てるという覚悟と行動の下、地域力を発動する拠点としての「新城版こども園」を強力に推進する必要があります。

新城版こども園制度は、子どもの未来への投資であるとともに、地域の未来への投資につながるものです。

5　公教育とこども園

いま引用した基本構想の考え方は、学校教育を受ける権利をすべての児童に保証した「公教育」の考え方と共通しています。あるいは「公教育」のカバーすべき年齢範囲を引き下げ、すべての子どもの幼児期の発達環境を最善のものにすることを社会全体の責務としていこうとの決意を表しています。

言うまでもなく「公教育」は近代産業社会と国民国家の産物です。国家としてのまとまりをつくりあげる上での国民教育と、産業社会を担える基礎知識や身体能力を身につける課程とが一体となっていますが、それは反面、産業社会が生み出すさまざまな負の側面から児童を守る装置ともなってきました。

義務教育の施行が「児童労働の禁止」と一対となって初めて実現可能なように、あるいは学校保健の整備が劣悪な衛生・風紀から子どもの健康を守ったように、子どもの発達にとって有害な環境から子どもを引き離す措置を伴って、初めて公教育は成立します。

いま日本は一部の極端な暗部を除けば、初期産業社会のような児童搾取や人身売買が横行するような状態ではありません。しかし明らかに別のリスクが充満しています。あらゆるサービスと便益がお金で購入できる代わりに、ひとたびそのシステムでの安定的地位から脱落すると、むき出しの生存競争に投げ出され、より弱い立場にあるものへの犠牲を強いる連鎖に陥りがちになることがそれです。

大人の愛情と庇護がなければ生きることのできない乳幼児は、その最大の犠牲対象でしょう。

6 「心理環境」というリスク

ここにあるリスクは単純に経済的貧困に由来するわけでありません。貧しくとも立派に子どもを養育している家庭は無数にあります。リスクは、その人の置かれた社会関係・人間関係に由来する心理環境にあります。

その心理環境をこそ改善し、社会的連帯の絆で家庭を包み、互いの生存を支え合う安心の居場所をつくることが、現代地域社会の大きな使命であろうと思います。

児童虐待の防止のためには、「親権」も絶対視しないと考えられ始めているように、人の発達にとって有害な人間関係や心理環境から、子どもを引き離して守る覚悟と責任を引き受けることが求められています。

そしてそれが、すべての人が安心して子どもを産み、育てることのできる環境整備につながっていくのではないでしょうか。女性が安心して活躍できる社会を築く基本ルートもそこにあります。

さらに前章の若者政策と子ども・子育て政策とに、一連のつながりを持つように設計できるならば、われわれは新しい世代のリレーのための諸条件を整備することができます。

第一には、乳児期から若者期にいたるまでの人の発達と成長を支え、支援し、困難をケアする役割を地域社会が果たせるようになる可能性です。

第二には、家族の尊厳を守り、家庭経営を支援し、時には家族の「代替機能」を地域社会が果たすことで、次にはそれが若者世代の家族形成を後押しすることにつながる可能性です。

7 「貧困の連鎖」を断ち切る社会連帯

「子ども・子育て政策」や「人口政策」に向き合っていく自治体の原点は、何よりも家族の形成と営みを支援することにありますが、それはもはや従来の家族形態の延長にあるものだけを指すわけではありませんし、旧来の公共政策では見えにくかった領域への手立てを講じることをも意味します。

いま自治体現場では、「アウトリーチ型」生活支援の必要が提唱されていますが、これもまたこうした文脈の中で見ることができます。「おせっかい型福祉」とも呼ばれているものです。

これまでは困難を抱える人が、自分が困難であることを申し出、それが個人の責任だけには帰すことができないことが証明されて、そこから公共支援が動き出しました。「申請主義」の原則です。申請がなければ動けない（動かない）のです。

しかしいま社会のそこかしこで起こっていることは、周囲との関係が断ち切られ、自分の置かれた状態の社会的位置が見えず、公共福祉の知識も欠けているために、困難を申請する回路自体が失われたままに破局を迎えるケースです。

現代の格差は、一方がますます多様な人間関係を築き、複雑な社会機構や累乗的に発展するグローバル市場に主導的にアクセスして、それを自分の目的のために利用する力を広げていくのに対して、他方の側がそこからますます離反し、疎外され、脱落させられることで広がっています。多様な組織が多様な価値観と利害関係に拠って、複雑に入り組む現代のこの社会。貧困や不幸を増殖させるものは、人間関係それ自体の貧困、社会機構にアクセスする情報からの途絶、意思を通い合わせるコミケーション機会の喪失、などなどにあること——言い換えれば、人の生存を保障している社会関係一切からの孤立（社会的排除）にあることを、理解しなければならないと思います。

地域社会の変化を見逃さず、必要な支援の手を差しのべ、困難に寄り添ってともに進む関係性を持ち続けていくことこそ、地域福祉に求められていることです。

われわれはこれらの意味においても、社会的孤立が生む貧困・格差を乗り越え、世代リレーの基盤をつくり、新たな産業を開発する起点としての地域社会を、再構築する必要に迫られています。

人口減少時代の豊かな国づくりは、地域の立て直しにかなりの部分を負っていると言えるのではないでしょうか。

第四章　地域力で支える日本

1　地域コミュニティ

私は市長の活動を通して、日本の社会を最も基本的なところで支えている人々の営みに日常的に触れ、目を見開かされる思いを重ねてきました。

行政区、自治会、町内会、総代などなど呼称は各市区町村でいろいろでしょうが、生活の場に根をおろした住民自治組織の活動がその最たるものです。

ある場面では地域共同の生活ルールを定める単位であり、ある場面ではお祭りの催行者であり、ある場面では防犯・防災の連絡網であり、ある場面では近隣トラブルの裁定役であり、ある場面では学区にある学校運営の支え手であり、またある場面では行政に対する住民要求の取りまとめ役・兼行政情報の伝達ルートである、そんな組織のことです。

実際のところ、こうした地域組織がなければ、行政運営を正常に機能させることはできないでしょうし、健全で自律的な社会秩序を保つこともできないでしょう。

それが端的な形で表われるのは、大災害などが発生した時です。とっさの救急救命活動や避難所の運営、物資の配分、復興計画の話し合いなど、行政機能が不全になってもこれら地域コミュニティの力が住民の安全を守った例をわれわれは多数知っています。

東日本大震災の折に世界中が驚嘆した、被災地で保たれた自律的秩序の根っこにあるものです。むろんその力は、どんなコミュニティでも例外なく発揮されるわけではなく、日頃の活動力やリーダーのあり方によって、大きく異なってくることも広く知られています。

それだけに現在のところこの地域力は、リーダーたちの使命感と献身に多くを負っているのが実状です。社会はその労に十分に報いているとは言えず、個々人にかかる負担も並大抵のものではありません。このためもあって、役職者のなり手がなく機能不全に陥る地域も散見されます。

この状態を放置することは、必ず手痛い損失を地域社会にもたらすことでしょう。

そのリスクは国全体に及んできます。地域自治組織の位置づけをしっかりと定め直し、その公共的役割にふさわしい運営体制を整えることが急務になっています。

2　公法から消えた地域組織

ところが現在の地方制度の中では、こうした地域住民自治組織は法的正統性を与えられていません。地方自治法にもその存在は位置づけられていないのです（「認可地縁団体」の例を除き――後述）。

その法的性格は民法で言う「権利能力なき社団」の範ちゅうを越えることはなく、任意団体の一つに数えられているだけです。

しかし地域共同生活にあっても、行政運営にあっても、実際上は多くの公共的役割を負っているため、新城市では集落を基礎にした行政区の長には「非常勤特別職公務員」の辞令を交付して、行政情報の伝達などの仕事を引き受けてもらっています。といっても区長は、区民総会などで住民によって選出され、区の運営も住民拠出の区費によって多く賄われていますので、団体としての区はあくまでも住民の自発的自治組織です。

新城市とは違って、長が非常勤公務員の身分は持たずに同じ役割を負っている自治体もたくさんあります。そうしたところでも多くは自治会連合会のようなものが組織されていて、行政側との情報共有やさまざまな場面での業務委託などが行われているはずです。

このように地域住民組織は、その果たしている役割に比べると、法的にはきわめて不安定で、あいまいな性格を抱えたままに置かれています。

なぜこのようになっているのか。かつて一時期公法に位置づけられたことがあったことや、そのてん末などについて後に触れるとして、これから地域住民組織が直面するであろう諸課題から、公的・法的保障を必要とする理由を見てみることにします。

3　地域自治が取り組む新しいテーマ

その諸課題は多岐にわたっていますが、私はここでとくに重要と思われる五つのことについて触れておきたいと思います。

第一には、災害対策をはじめとした地域の安全・安心を守る課題です。

第二には、これからさらに増加が予想される外国人居住者・労働者との関係の課題です。

第三には、地域の資源管理に関わる課題、とりわけて自然由来の再生可能エネルギーの利用や開発に関わる課題です。

第四には、人口急減時代における土地利用と地域経済活動に関しての課題です。

第五には、家族形態の変容に伴う地域近隣関係の変化にまつわる課題です。

4　安全安心の地域社会

第一については、すでに多くを語る必要がないかもしれません。東日本大震災を契機に、地域コミュニティの重要性があらためてクローズアップされています。物質的に堅固なインフラに行政府の供給するセキュリティサービスが安全安心を保障する最大の砦、という従来の考え方に大きな変更が迫られたからです。

コミュニティ単位での人と人との絆、それを基礎にした自治的な地域経営が息づいていない社会は、自然災害や予想外の社会変動に対して脆弱であることが示されました。これまで無関心が充満していた大都市部でも、この気づきと地域の見直しが進んでいます。

しかしこれらは単に「いざという時には近隣同士のつながりが大切」ということを、教えたにとどまりません。災害時の地域リーダーの役割とリスクが浮き彫りになっています。

発災直後の混乱状態の中での緊急判断、行政機関との連絡が途絶した中での避難行動、居住住民全員の安否確認と個人情報管理、救助活動や避難活動を采配している時に起こる事故や二次被害などなど、どれをとってもとっさの判断が問われ、そこにかかる負担もきわめて重いものですが、その権限や責任の及ぶ範囲は明確とは言えません。

有事に際して住民の生命・財産を守る最前線を、公的身分保障でバックアップする必要は、誰にも容易に理解されることと思います。

5　地域共生社会

第二の課題です。

地域社会はいつでも、どこでも、ある種の排他性を備えています。区域境界を空間的に区切り、その中の居住構成員であることを共通項に結合し、共同の資源や福利はその構成員にのみ配分されるわけですから、地域社会の成り立ちそのものが他に無制限に開かれているわけではありません。

一方これからは外国からの働き手が製造現場だけでなく、より多く福祉や社会保障関連の場に進出してきます。それも医療や介護の施設内にとどまらず、家庭内に入るケースが増加していくことでしょう。働く女性の活躍に伴い、家庭の一員となって家事・育児・介護全般の仕事を負うサービスも特別なものではなくなっていくでしょう。

外国人労働者が主に企業社会の必要戦力とされていた時代から、地域社会・市民社会の必要な一員となっていく時代に移っていくのです。

そこでは当然のことながら地域社会の包容力が問われてきます。さまざまな近隣トラブルの裁定、居住や雇用にかかる異動情報の管理、人身の保護など、起こりうる事態を考えるならば、地域自治組織の役割はとても大きなものになっていくでしょうし、ある場面では自治体権限を分担するくらいの力が求められるかもしれません。

グローバリゼーションと人口急減とが重なった現代日本が、国際社会の中で尊敬を受けるに足る国として立っていくのに、避けて通れない道ではないでしょうか。

6　地域エネルギー

第三の課題です。

電力をはじめとしたエネルギー政策は、これまで国の専管事項でした。重工業の育成と大規模集中発電による効率的な安定供給が必要とされた時代には、国の一元統制が合理的だったからです。

原発事故以降の国全体のエネルギー政策がどのようなものになっていくのか、必ずしも良く見通せる状況ではありませんが、一つはっきりしていることは、構成比率がどうなっていくにせよ、再生可能エネルギーの利活用が今よりも格段に進むだろうということです。

太陽光・熱、風力、小水力、地熱、バイオマスなど、再生可能エネルギーを生み出す資源は、その地域の地形、地質、日照、風況などに依存していて、きわめてローカルな存在と言えます。さらに大規模集中型の発電ではなく、小規模分散型のそれに相応していて、発電地の近傍で利用するのが最も効率的です。

これらのことから、再生可能エネルギーはその資源賦存地で優先的に利用し、地域に暮らす人々を潤すとともに、循環利用が可能となるような資源管理を地域自らが負っていくのが一番合理的です。

こうした観点に基づく自治体条例の制定は各地で進んでいて、最も先進的な条例では、住民が「地域環境権」を有すると謳うにいたっています（長野県飯田市など）。これはある種の「資源自治」とでも言うべき動きで、間違いなく大きな潮流になっていくと思われます。

新城市でも、二〇一二年に「新城市省エネルギー及び再生可能エネルギー推進条例」を制定するとともに、最新の「基本方針」では次のことを明記しています。

市が主体的、若しくは関与しながら導入を促進する事業は、再生可能エネルギーの事業化を通じて地域への貢献が図られるなどの公共性を有し、次の全てを満たすものとします。

(1) 地域が主体的に事業を所有している計画
(2) 事業の意思決定が地域に基盤をおく組織によって行われる計画
(3) 事業で得る利益の過半が社会的・経済的便益として地域に還元される計画

と、このように規定して地域主体の事業に対しては、市として優先支援することを定めたのです。

ここからも分かるように、広く住民福利のために行われる地域エネルギー事業の公共的性格に照応して、住民自治組織がこれに関与する法的要件を整備する必要が生じてきますが、現行の法制度はこれに十分応えることができません。地域団体にはごく一部の例外を除いて、公共財産権が認められていないからです。

7 地域の土地利用と経済自主権

第四の課題です。

現代日本の土地法制はきわめて複雑に入り組んでいます。一つの土地にも、所管官庁ごとの土地利用規制の網が幾重にもかぶさっています。

都市と農村のそれぞれの基盤整備、産業集積や宅地開発のための土地利用、公害規制や自然保護の要請、食糧生産手段としての農地への特別統制、住宅・商業・工業などの利用目的別の区域規制、公共事業用地のための収用法制、治山・治水や災害対策上からの土地管理などなど、狭い国土で高度効率的な土地利用を編み上げ、私権と公益の調和を図るために何重にも積み上げられた土地利用の体系です。

産業構造が大きく変わり、情報・流通・交通のシステムがまったく異質のものになり、そうして国土に住む人口が急速に減少していく時代に、土地利用のあり方も従来の延長で良いわけがありません。

荒廃地や管理放棄地の整理といった差し迫った問題から、人口減少時代に立ち向かうそれぞれの地域の生存戦略に適した土地利用ルールの整備といった問題にいたるまで、これからわれわれが直面するであろう土地問題を考える時、一つ明確なことは、全国一律平準の画一的なルールでこれに対処することは不合理であろうということです。

人口減少によってわれわれは一人当たりの国土面積が増える時代を迎えます。それは土地所有による資産収益よりも、土地を社会資本として活用することでもたらされる収益の方が増大していく時代のことです（その活用がなされない土地所有は逆に重荷になっていく時代とも言えます）。

そこでは土地利用そのもののリノベーションが求められてきて、遊休地や無管理地をテコに使った土地集約や区域再編、「二地域居住」の受け皿となるような農・住混合地帯の創出、若者起業を促進する拠点区域の設営、大都市圏ニュータウンの再生、自然エネルギー利用のためのゾーニング、外国人観光客誘致のための土地利用などなど、いわば現代の「開拓地」を生み出す挑戦でもあるでしょう。

地域の自治組織が自ら事業主体となって土地利用の再生に取り組み、土地価値を増大させるとともにその収益を地域住民に還元することは、地域を支える住民の知恵、経験、技能、そして成熟した公共心を持ってすれば、必ず多くの成功事例を生み出せるに違いありません。いま地域にはそうした人材が無数に存在しています。高度成長経済が残した最大の財産でもあります。

日本の法制では、地域自治組織が経済活動の主体となることはまったく想定していません。むしろそれを排除する志向が勝っています。しかし地域社会が真に活性化し、そこで世代のリレーが続けられていくためには、地域組織が経済自主権を持って行動できるように配慮されるべきだと、私は考えています。

8　家族関係の変容

第五の課題です。

家族のあり方の変貌は、地域社会の運営にも大いなる変化を迫っています。独居老人の安否確認、児童虐待への対応、生活保護家庭の増加と自立支援、「子どもの貧困」対策、ＤＶからの救済、単身世帯のケア、災害時の要援護者救護などなど、思いつくままに列挙しただけでも、近隣社会が放置したままにはできない問題が山積していることが分かります。

家庭内の事情がからむため、従来はあくまでもプライベートな問題として、行政も地域自治組織も踏み込むことをためらってきた領域です。

しかしもはやそれらも、放置しておくことのできない水準にまできています。そしてそのいずれの事態においても、家族関係の把握と配慮ぬきには有効な手立てを講じることができないものばかりです。

しかもこの時代に特有の社会的病理が伴うことが多いために、本来は専門知識と体系的なプログラムに拠った対応が必須なはずですが、残念ながらこの面での体制整備は遅れています。

市町村行政の責務は言うまでもありませんが、地域住民組織がここに能動的に関わろうと思え

家族類型別一般世帯数の推移

年次	一般世帯						
	総数	単独	核家族世帯				その他
			総数	夫婦のみ	夫婦と子	ひとり親と子	
	世帯数（1,000世帯）						
1980年	35,824	7,105	21,594	4,460	15,081	2,053	7,124
1985年	37,980	7,895	22,804	5,212	15,189	2,403	7,282
1990年	40,670	9,390	24,218	6,294	15,172	2,753	7,063
1995年	43,900	11,239	25,760	7,619	15,032	3,108	6,901
2000年	46,782	12,911	27,332	8,835	14,919	3,578	6,539
2005年	49,063	14,457	28,394	9,637	14,646	4,112	6,212
2010年	51,842	16,785	29,278	10,269	14,474	4,535	5,779
2015年	52,904	17,637	30,116	10,861	14,274	4,982	5,150
2020年	53,053	18,270	30,189	11,037	13,814	5,338	4,594
2025年	52,439	18,648	29,664	10,973	13,132	5,558	4,127
2030年	51,231	18,718	28,770	10,782	12,340	5,648	3,743
2035年	49,555	18,457	27,678	10,500	11,532	5,645	3,421

（注） 2015年以降は推計。
（出所） 国立社会保障・人口問題研究所「日本の世帯数の将来推計（全国推計）2013年1月推計（抜粋）。ただし，網掛けは筆者による。

ば、公的な保証がどうしても必要とされるでしょう。「善意の隣人」資格だけで関わるにはあまりにもリスクが大きく、誰もが躊躇せざるをえません。しかし善意の隣人であれば誰もが何とかしなければと思い、損を承知で関わることが多いに違いありません。

人間社会の基本は家庭であると言われますが、人間が生存するために必要な共同体は家族の単純な集合だけで築かれているわけではありません。単身者や家族と離散した幼児、単独家族だけでは扶養できない病者などを世話することは、地域社会の存続原理そのものです。血縁関係のみではない地域共同体が家族を包み込んで運営されて、初めて人は生きる上の安全保障を獲得します。

人口減少時代への突入で、この面でも社会はまったく違った風景にあふれてくるでしょう。日本の総世帯のうち一貫して最大割合を占めていたのは「夫婦と子」世帯でしたが、二〇〇五年には単独世帯が数で肩をならべました。二〇四〇年には単独世帯が「夫婦と子」世帯の倍になると予測されています。そのうちの半分は高齢単身世帯です。さらに男性、女性とも「生涯未婚率」は右肩上がりで増加していますし、離婚率も増加中です。

「自助・共助・公助」という言葉があります。自分のことは自分で守る。それができない部面は近隣同士で助け合う。それも及ばないところは公的援助がカバーする。こういう関係のことで、それ自体はしごくまっとうなことです。

けれどもこのきれいな方程式が成り立つためには、そもそも「自助」の段階で家族機能が働いている必要があります。一人では動くことのできない乳幼児や病人、寝たきりの高齢者などは、まわりの手助けがあって初めて自分の身を守ることできますが、それは通常家族が担う役割です。「自助」はこれを含み込んだ概念でしょう。

この意味でも単身世帯の増加は、自助の領域を共助と公助が積極的にカバーすることを求めます。

まさに「遠くの親子よりも近くの他人」の役割を地域近隣組織が担うことになるわけですが、必要な時にはそれにふさわしい権能が発揮できるようにしておくのが望まれるのです。

9　地域自治組織の法的能力

これら課題のほかにも、地域社会が直面するであろう新しい事態を想定する時、今まである種の「空白」状態に置かれ、宙づりのようにされ続けてきた住民組織を、自治と分権、地方再生と地域活力創造の支柱として正当な地位に置き直すことが必須であろうと思います。

「新しく国を造り直す」くらいの取り組みが必要だと言われる現代日本。日本の一番の強みである知的に成熟した国民の層の厚さを最大限に活かし、将来の目標と希望を国民が共有して、誰もが暮らしやすい社会を創造していくためには、こうした地域から湧き起こる市民自治の展開が何にもまして求められています。

そして地域社会の足元で進行している生活上の変化が、いやおうなしに地域自治組織に新たな対応を求めていることを見る時、これまでのような任意団体扱いで済ますことの是非も繰り返し問われてくると思います。

とくに家族関係のように、個人の権利や生活信条にも関わることにまで何らかの関与が求められてきた場合に、地域自治組織が住民個々人に対して負う責任の性質が問題となってくるからです。

リーダーや代表者の責任が私人の範囲のみで問われてくれれば、その負担は理不尽に大きなものとなります。

地域住民組織の公共的性格に照らして、あるべき姿にふさわしい法的地位が不可欠になっていると思います。

第五章　地域自治組織の昨日・今日・明日
――戦時・戦後・災後

1　地域住民組織の「トラウマ」

明治維新から約一五〇年が経ちましたが、地域住民組織が公法の中に正式に位置づけられたことが一度だけありました。それもほんの数年間の短い期間です。太平洋戦争の最中、一九四三年から終戦期までの数年間ですが、その間は皮肉なことに、「分権」や「自治」などが入り込む余地のない時局と言っていいでしょう。

現在の地方自治法にあたる当時の「市制」「町村制」の改正で町内会、部落会等を市町村長の下部補助機関と法定したのがそれです。

この時の改正に先立って一九四〇年に発令された内務省訓令＝『部落会町内会等整備要領』は、その性格を雄弁に物語っています。少し読みにくいかもしれませんが、該当部分を引用しておきましょう。

同訓令はその目的を次の四点にまとめています。

一　隣保団結ノ精神ニ基キ市町村内住民ヲ組織結合シ万民翼賛ノ本旨ニ則リ地方共同ノ任務ヲ遂行セシムルコト
二　国民ノ道徳的錬成ト精神的団結ヲ図ルノ基礎組織タラシムルコト
三　国策ヲ汎ク国民ニ透徹セシメ国政万般ノ円滑ナル運用ニ資セシムルコト
四　国民経済生活ノ地域的統制単位トシテ統制経済ノ運用ト国民生活ノ安定上必要ナル機能ヲ発揮セシムルコト

その上で組織として「部落会及町内会ハ区域内全戸ヲ以テ組織スルコト」や「部落会及町内会ハ部落又ハ町内住民ヲ基礎トスル地域的組織タルト共ニ市町村ノ補助的下部組織トスルコト」を定めています。

国の目的は明確です。戦時体制へと全国民を組織化するために、地域住民組織を市町村の下部機関において、全戸加入を原則とさせたのです。

では国は、最初からこうした組織目的を持って地域住民団体を扱ってきたのでしょうか。そうとは言えません。

明治政府が成立した時から、為政者にとって伝来の住民組織は決して歓迎されたものではなかったようです。中・近世の自然村を出自とした村落共同体や土地・水などを共同利用するための慣行団体は、近代国家編成の阻害物と見なされてきた方が多かったでしょう。

中央政府にさまざまな資源開発や制度構築の指導権を集中させる必要のあった資本蓄積期には、とくにこのあつれきが顕著でした。中央政府が必死になって強化しようとした集権体制に対して、旧幕時代の地方割拠的な遠心力を対置するものとの抜き難い見方もあったと思われます。

事実、徴税、徴兵、義務教育などの施行にあたっては、地方での反発・反乱が多数記録されていますし、山林・農地の「官民区分」事業においても同様でした。府県の区割り・編制方法においてもそうです。

それでもこうした地域共同体をまったく欠いて国家統治ができるはずはなく、政府の企図と地域側の利害との間で、何次にもわたる妥協を繰り返しながら近代日本の地方制度は整備されてきました。そして国家社会が存亡の淵に立たされると、地域住民組織の力を動員せざるをえなくなったのでした。

「主権在君」の時代で、言論や結社の自由も奪われた時代のこと、翼賛体制へと組み込まれた町内会・部落会は総力戦遂行と住民の相互監視の役割を帯びることになり、占領軍によって軍国主義体制の動員機関と見なされました。このため一九四七年、「ポツダム政令」によって解散を命じられることとなりましたが、この不幸な歴史が、占領体制が解かれた後にも、地域自治組織を法的に位置づけることをタブー視させる原因になったと言われています。

いわば地域制度が負った「トラウマ」です。

2　個人と地域組織

さらに戦後民主主義体制の中では、個人の自由と人権に対する意識が発達しましたから、世帯を基礎単位とする地域団体が、住民に対して家父長社会的な集団同調圧力をかける組織と見られる傾向もありました。いわゆる「ムラ社会」の名残りとして、です。

そのために自治会などへの加入や運営をめぐっては、時として訴訟にまで進むトラブルも生まれました。有名なものでは自治会からの退会と自治会費をめぐる最高裁判例で、「自治会は強制加入団体ではなく、退会は自由である」との判決が下されています（「自治会費等請求事件」二〇〇五年第三小法廷）。任意団体である以上この判決は避けられないと思いますが、二審までは反対の判決が出ていたように、地域住民組織の扱いがいかに矛盾を内包したものであるかを実証しています。

その運営における民主的保証が不可欠だとしても、また時の政治体制がどのようなものであろうと、人間社会の運営がこうした地域近隣団体を抜きに円滑に行われるとは考えることができません。このため、地方自治体の中では地域コミュニティの機能と役割を高め、活発化させようとする努力が一貫して続けられてきました。

3　市民活動の興隆

その一方で、社会の成熟とともに多方面にわたる市民活動や非営利・非政府の社会貢献活動が広がってきました。

阪神・淡路大震災の年を「ボランティア元年」と呼ぶことがありますが、確かにこの時期を前後して多種多様なボランティア活動が目に見えて広がりました。

その後に多発した災害でも被災地支援の活動は大きな力を発揮し、今では災害対策マニュアルの中でボランティアの受け入れ体制にかかることが欠落したものは、用をなさないと評価されるところまできました。

福祉、環境、子育て、教育、文化、人権、海外貢献、地域おこしなどなど、それこそ社会の必要とするありとあらゆる分野で広がった活動は、しかし法的身分が定まらないままにあくまでも任意団体の一つに見なされるだけでした。運営のための寄付にかかる税制や組織の法的身分を定めることが、これら非営利社会貢献活動を促進することにつながるとの考えから、関係者の間で国への働きかけが続けられました。それはついに政府・政党を動かし、二〇〇〇年にNPO法が制定されるにいたったのです。

明治初めに制定された民法体系を抜本的に変えたと言われるこの法制は、「公共・公益」の担い手を官庁組織の独占状態から解き放ちました。

4 「公―私」二元論

国家を立法、行政、司法の三権で構成し、それぞれに厳格に規律化された組織機構と財政基盤を持たせ、それが――またそれのみが、公共の名における権限と責任を負うこと、それ以外を私的領域として個人の自由と責任に委ねることが近代社会の伝統的な考え方でした。

これには大いなる利点もあって、公共の秩序を維持・運営するに必要な強制力の行使者を厳重な枠にはめ置くことで、諸個人の自由な活動領域にむやみと公権力を介在させない歯止めとなることです。

公・私の区別を厳格に仕分けておくことは、全体主義や専制主義を許さない必須要件であろうと思います。

しかし同時に、公共の福祉や秩序は強制力によってのみ成り立つものではありません。さらに公的な強制力が機能しないような状況でも、成り立たせなければならない時があります。

緊急事態時に諸個人がともに力を合わせて、全体利益を最大化させるべく行動する場面です。利害関係が複雑化し、価値観が多様化すればするほど、また強権的な政治運営が受け容れられなくなればなるほど、こうした共同・協働の役割が拡大します。

このような場面では、「公共」の担い手は官庁組織だけではなくなります。市民活動はもちろんのこと、企業の社会貢献活動も同様の公共性格をまとってきます。

5 「新しい公共」の登場

こうして市民や企業の社会活動が公共の場面に登場してくるにつれて、伝統的な地域共同組織にも正統な地位が担保されるべきとの道理が導かれてきます。

一九九一年の改正地方自治法は、第二六〇条において「認可地縁団体」の制度を導入しました。自治会や町内会が法人格を持たないために、地域が慣行的・歴史的に保有・管理する施設や土地が登記できず、その財産を代表者名や全員列挙の共有物件にするほかはなかったのですが、その不都合は想像してみるだけで容易に理解できるはずです。

改正自治法はその不都合を解消するために、当該地域に居住する者が誰でも参加できることを条件に、「認可地縁団体」として施設や土地の所有権を持てるように改められました。一方、この団体を「公共団体」とは見なしてはならないとの付記条件をつけることで、この改正が持つ潜在的意味を逆の形で表現することになったのです。

こうして現代日本社会には、旧来的な意味では公共団体ではないが、実質的には公共・公益を担い、自発性と自主性に立脚して一定の共同ミッションを果たす二つのコミュニティが出来上がっていて、それは日々各地の公共空間を豊かに彩ることに貢献しています。「地縁」に基づくコミュニティと、「課題（テーマ）」に基づくコミュニティとがそれです。

6 住民自治の新しい姿

それぞれに背負った歴史も、組織構成も、活動スタイルも、資金基盤もまったく異なるこの二つのコミュニティは、少し以前までは互いの間に距離を置き、それぞれに対して懐疑の目を向け合うことが多かったように思います。

市民活動側からすると、地域組織は個人の自由な意思を封殺する行政の下請け機関のように見えたでしょうし、地域組織の側からすると、市民活動はどこにも責任を負わず、要求一方で余計な波風を立てる撹乱者のように見えたでしょう。

しかし前述したように、大災害時の活動体験に代表される近年の住民諸活動は、この両者の間の溝を埋め、互いの協力と連携を必要不可欠なものとして認知し合う、住民自治の新しい形態を準備してきました。

具体的な目的実現のために有志個人が集まった活動団体と、地域的なまとまりを持った居住構成員の常設団体が互いに協力し、それぞれの特性を活かし合って、地域社会の安全安心を守り、居住空間の快適性を高め、解決を要する諸問題にともに取り組むことがそれです。

7 「不信の体系」を「信頼の仕組み」に

ハード面での社会インフラ整備が一巡し、公共サービスへの需要が福祉、介護、保育、環境、まちづくり、人口問題など、より多く人的活動を必要とする事業へと広がるにつれて、われわれはこうしたアクティビティにそれにふさわしい地位を確保する必要が出てきます。

もちろん、拡大する行政需要に自治体予算や職員数が追いつかない中でこの事態が進んだために、一部では行政責任を割安に肩代わりする装置と見なす向きもありました。

住民側から見れば「住民主役のまちづくり」や「新たな公共」とは、住民に負担を押しつける方便ではないかとの、拭い難い疑念です。

それも決して根拠のない予断とは言えませんでした。

それというのも、日本の近代国家運営史上、行政機関が地域住民を本当の意味で信頼し、地域共同事務を住民の意思決定に名実ともに委ねることは基本的にありませんでしたし、それを裏づける法制度も存在していませんでした。

「新たな公共」や「住民主役のまちづくり」は、このような「相互不信体系」を乗り越えて、住民と行政職員との協働による新たな社会構成を目指すところに、その真髄があります。

自分の地域は自分の力で守り、身近な案件は身近なところで決める――住民の助け合いを原点とする地域自治社会を息づかせることこそが、「公共の福祉」を最も力強く実現する王道だとの確信がそこにはあります。

8 「地域自治区」の創設

社会が求め始めているこの変革に、法制度の側も大きく近づいてきています。

地方自治の中で「住民自治」を強化・充足させようという一貫した提言と法改正がそれです(地方制度調査会等)。

その一つに二〇〇四年の改正自治法で導入された「地域自治区制度」の創設があります。

最初は「平成大合併」に伴う特例法で設けられたのですが、地方自治法ではそれによらない一般制度としての自治区制度を定めました。自治区は市町村長権限の一部を分掌させることができる、域内分権の仕組みをも併せ持っています

新城市では、後者の一般制度に基づいて二〇一三年度に地域自治区制度をスタートさせました。広い市域を一〇に区分けし、それぞれに自治振興務所を設置、併せて住民代表で構成される地域協議会を置いて、地域自治区予算の審議と提案、住民活動を助成する「地域活動交付金」の審

査、市長よりの諮問事項に対する答申などの仕事を担っています。

地域協議会の構成は各地域の自主的判断に委ねられ、行政区代表を主体としたものから、コミュニティ活動団体、ＰＴＡ、消防団、老人クラブ等々からの推薦者が加わったものまで多彩です。

各自治区には専属の担当職員を置き、そのまわりに本務を別に持つ「地域活動支援員」がいて、必要な時に担当職員を助けて自治区活動を推進します。自治区担当職員は、住民から上がってきた提案、質疑、要望などに対して、縦割りの所管担当課を越えて調整する責任を負っていて、住民側に立った活動を求められます。

現在の法制度の上では、地域自治区の核となる地域協議会は、市長の「諮問機関」と位置づけられ、協議会委員も形式上は市長の選任によるものとされていますが、基本は地域の裁定に委ねられています。

また地域自治区予算案は、人口と面積に応じてあらかじめ配分された区ごとの総額の枠内で、協議会審議に基づいて必要と思われる事業を計上し、市長に「建議」の形で提出されます。

市長は地域自治区予算案を全体の予算編成の中に組み入れ、全体調整をした上で議会に上程しますが、自治区から上がってきた予算案を認めないことは基本的に想定していませんし、もしこれを否認する場合も市長の側に説明責任が課せられることが定められています。

自治体予算の編成権・提案権は首長権限の一番の核心ですから、地域自治区（協議会）は形式上は市長に付属した機関と規定されつつも、地域の諸課題を自ら取り上げ、自ら予算措置する共同事務団体の性格を帯びていることが分かるでしょう。

9　地域自治は公共の財産

地域協議会（自治区）のような住民組織を、あるいはまたその選出母体である行政区や自治会のような住民組織を、基礎自治体を構成する地域公共団体として定めることに何か大きな不都合があるでしょうか。住民自治の堅固な拠り所として法的に認知し、それ故にその運営に民主的コントロールが具備されるべく不断の努力が求められる、そんな団体としてです。

私は日本の地方自治制度が、この方向に向かって進むことに障害はないと考えています。いやもう実際は、それに等しい運営を日々実践し始めているのです。

地域自治区は域内分権の一つのツールですが、このほかにも小規模で多機能な地域自治組織に、新しい法人格を与えるように求める市町村連携も進んでいます（小規模多機能自治推進ネットワーク）。また「平成合併」の折には地方制度調査会の中で、域内分権を担う地域組織を、執行権や議事機関を持った特別地方公共団体とするよう提案する議論もあったほどですから、十分に機は熟しているはずです。

組織の構成や運営、財政基盤、区域の設定など踏み込んで検証すべき問題は多岐にわたりますが、これまでの各地での取り組みの教訓を網羅すれば、必ず合理的な解決が見出されるはずです。

10 トラウマ＝「内なる限界」を超えて

そしてここでわれわれは、自分自身を乗り越えていかなければならないことに気づきます。

地域自治組織を公法上に位置づければ、行政の下部機関と化して、住民の自主的で自治的な運営が阻害されるのではないかとのネガティブイメージから、なお根本的には脱却できない思考がそれです。行政組織を自分たちが運営し、コントロールするものとして扱うことができずに、絶えず「上から」押しつけられてくるものと見る体質化された思考です。

もちろん行政権力にはそうした志向がつきまとっていて、しばしばそれに似た行動を取ってくることがありますが、それだからこそ、その行政組織そのものをより民主的にコントロールし、地域自治に立脚した運営体へと不断に変えていく手立てを住民の側に確保していく必要があります。

かつて戦時下の翼賛体制への強制編入と、現在の地域自治拡充の動きとは根本的に異なっています。国民は何よりも国の主権者であるとともにまちづくりの主役であり、それを実質化させるためにこそ、地域住民組織に自治権を担保しようとしているのが今日の潮流です。そして地域自治区に見られるように、市町村長の行政権限に服する組織としてではなく、反対に市町村長権限の一部を分任することで地域自治の実体を築き上げようとしています。

行政不信を乗り越える責を負っているのは、結局のところ執行権者の側です。

地域に暮らす人々が互いに支え合い、見守り合い、共通の課題をともに考え、その解決にともに汗すること。政府がそれを信頼し、その活動が大きく発展しうるように支援すること。自分たちの暮らす場をより良いものにしたいと願う人々が、必要な協議と行動を起こすための集合体に法的保護と公的正統性を担保して、住民自らが責任を果たせるように措置しておくこと。

この関係性を創出していくことが、日本の地域制度が抱え込んだトラウマや呪縛を断ち切って、住民主役の自治体運営を実現するカナメをなしていますが、その成否を握るキーパーソンは自治体職員その人たちです。

11　自治体職員の働き方

この章のしめ括りの意味で、自治体職員の行動原理について触れたいと思います。

地方自治法で行政職員は首長の「補助機関」と位置づけられていて、選挙で選ばれてきた独任官たる市町村長の手足となって働くことが期待されています。もちろん以前は国の事務も指示されていたので、代行機関の面も持っていたわけですから、国―地方を貫く「お役人」の総称の中に括られていたことにもなります。

つまりは統治機構の末端を担う役割ですが、国―地方の関係が変わっても、あくまでも首長の指揮下で行政事務を執行するのが本務です。

では地方自治のもう一つの本旨、「住民自治」の原理から見た場合はどうでしょうか。

ここでは様相が一変してきます。

二〇〇八年に策定された新城市第一次総合計画（「市民《ひと》がつなぐ　山の湊《みなと》　創造都市」）は、市職員の使命を次のように述べています。

「（職員は）市民主体のまちづくりを支える事務局であり、地域最大の公共サービスの提供者であることを認識し、地域のまちづくり活動に積極的に参加するなど、常に市民ニーズを把握し、市民の立場に立ったまちづくりを推進します」と。

そう、市職員は市長の補助者であるとともに（あるばかりではなく）、地域住民の共同事務を担う「事務局員」であり、「住民自治の専従員」であると定めたのです。

現在日本には三〇〇万人近い地方公務員がいます。教員、警察、消防なども含めての数ですが、そのうち市町村職員は一二〇万人強です。市町村職員の場合は、その多くが勤める自治体の住民でもあります。そしてその地の中で優秀な人材を多く集めていて、職務に対して真面目で忠実な人々が中核をなしています。

この大集団が、行政実務への真面目さと忠実さを発揮するだけでなく、住民自治の原理を深く身につけ、地域社会で自らそれを体現する行動を取り始めたとしたら、この国の相貌はさらに大きく変わることでしょう。

実のところ住民自治の拡充も、そこに成否の多くがかかっています。「住民主役のまちづくり」「新たな公共」が、行政事業を地域に肩代わりさせ、負担を押しつける方便ではないかとの疑念が、住民の中で払拭されてはいないことを前に書きました。どのように言葉を尽くしてみても、長い体験に立った懐疑を短時間で解消することはできません。市町村職員が自らの行動原理を住民自治の立場から築き直し、地域社会の中でともに汗して働き、地域を自分たちの力でつくる喜びを分かちあった時、そこに言葉の真の意味での「新たな公共」が立ち上がっていくのではないでしょうか。

そして住民と自治体職員のこの新たな関係性が地域社会の中に根づき、誰もがそれを当たり前のこととするようになった時、行政組織も第一義的には住民自治の共同事務執行機関であることが社会共通の理解となり、首長権限もまた地域住民自治に立脚しているが故に正統化されるとの、価値の転換を起こしていくでしょう。

その時地方自治体の全権能も、国から分け与えられたものとしてではなく、そこに暮らす住民自らの自治する力に根ざしたものとして理解され、それにふさわしい体系を身にまとっていくことになるでしょう。

第六章　自治体ガバナンスの自己変革

1　「自治基本条例」のインパクト

前章の最後で述べたように、地域を起点にした新たな自治社会の構築は、地方自治体の形や運営にも本質的な変革を迫ります。一九九九年の地方分権一括改革以来、さまざまな形で積み上げられてきた試みは、自治体の自己格闘の歴史と言って差し支えないと思います。

その大きなエポックになったものとして、二〇〇〇年北海道ニセコ町で制定された「自治基本条例」がありました。自治体関係者はじめ少なからぬ人々にインパクトを与え、現在までに三〇〇を超える市町村で制定されている同種条例の先駆けとなったものです。

日本には立派な「地方自治法」があって、何もこうした自治体条例を定める必要はないではないか、との声は今も小さくありません。どちらの立場を取るかは、自治体運営の基本をどこに置くかで異なってきます。

憲法で謳われた「地方自治の本旨」とは、団体自治と住民自治を指すことはすでに基本定説になっていますが、地方自治法は国と地方公共団体との関係を定め、地方団体内部の諸組織を規律化することにほとんどの精力が注がれています。

全四〇〇条に及ぶ地方自治法で、「住民」が主体となった条項はわずか数条にとどまっています。

まず第一〇条、一一条で、住民は公共サービスの受益者であるとともにその負担を分かち合うことが定められ、併せて首長と議会議員を直接投票で選ぶ権利を有していることが確認されています。

その後には直接請求権に関わる幾つかの条項があります。条例等の制定請求、執行機関や議員に対する解職請求、議会に対する解散請求、監査請求などがそれです。

国政にあっては明確な「代表制民主主義（間接民主制）」が貫かれていて、ひとたび国政の場に送り出された衆参議員は、自分を選出した選挙民に直接責任を負うことはありませんし、閣僚に対する解職請求権も、国会の解散請求権も国民にはありません。

それに対して首長と議会を住民が直接選挙する地方自治体にあっては、上記したように直接民主制を一部取り入れた形で法規制がなされています。身近な市町村で、住民意思がストレートに反映した施策が遂行されてきた背景でもありましたし、時代の求める公共政策が、地方自治体でより多く先取りされてきた要因の一つでもありました。

しかし現行地方自治法のもとで、住民自治に関する規定はここでとどまっています。

2 住民自治と地方自治法

三〇〇に及ぶ自治体で制定されてきた自治基本条例は、それぞれの市町村で独自性を持ちその位置づけ方も多種多様ですが、ある一つの共通項があります。言い換えれば、それが抜けていれば自治基本条例とは見なせないといえるような「標準装備」のことです。

それは概略的にいって三つの原則にまとめられています。第一は、住民主役の原則。第二は、住民と行政との協働の原則。第三は、情報共有（情報開示の徹底）の原則。

自治基本条例はまちづくりのあらゆる場面において、この原則を貫くことを定めていますが、これを裏返してみると、地方自治法ではこの原理が法文上どこにも明示されていないために、それを宣明する別途独自の条例を定める必要があると考えられたのではないでしょうか。

地方自治法もその骨組みを見れば、地方公共団体が住民、議会、執行機関の三者によって構成されることを承認しています。が、自治体運営の主役は住民であることは明記していません。住民が有するのは、参政権および異議申し立て権である――これが地方自治法の立場です。

さらに付け加えれば、参政権や請求権を介して自治体運営に参与できるのは、住民のすべてではありません。それも単に年齢や国籍によって有権者になれない住民がいる、という意味ではありません。

国における「国民」と、自治体における「住民」とでは、その概念が異なっています。「すべて国民は、個人として尊重される」（憲法第一三条）と定められているように、国民は自然人の集合ですが、自治体の住民は、企業や団体などの法人を含み、その自治体に住所を有して公共サービスの受益と負担を分かつすべての主体を指しています。

ではこの「住民」は、自治体の運営や意思決定にどのようなアクセス権を持っているのか？現在の地方自治法は、この問いへの答えを用意していませんが、自治基本条例は、それぞれの自治体ごとで、「住民」や「市民」「町民」「村民」などを詳細に定義づけることによって、字句通りに「住民自治」を保障する装置となっているはずです。

3 「代官制」を引きずった「大統領制」

地方自治法は「地方自治の本旨」を体現する最高法規で、精巧を極めた規律書の役割を果たしています。私は市長となってから、さまざまな案件に出くわすごとに、該当する条文に目を凝らしながら、この巨塔の内部メカニズムを理解しようと努めてきました。

地方自治法は、行政運営において市長（首長）に大きな裁量権を付与していて、それはしばしば「大統領制」との近似を指摘されるほどです。行政の長が議会に依存せずに、住民の直接選挙によって選出されることからそう類推されているわけですが、現在の地方自治体の長が果たしてそういう意味での大統領に比せる存在たりうるか。

私には、現行地方自治法の体系は、この問いに否定的な答えを与える側面の方が強いように思えます。

それは「大統領的」地位を与えられた首長権限が、何に由来しているのかを見た時、より際立ってきます。

近年では「選挙で選ばれた」ことをもってその権限強化を高唱する向きもありますが、「選挙で選ばれた」ことはあくまでもその代表者の選出過程を正統化したものにすぎません。「選挙で選ばれた」ことでは議会議員も同じはずですが、その議会に対してもはるかに優越した力を自治体首長は保持しています。そしてそこに法定された諸権限は、地方分権改革の以前と以後とで違いはありません。首長権限は、国と地方との関係が今のように「対等・協力」の関係にあると謳われる前、すなわち中央集権体制の中で固められていたものにほかならないのです。

国と地方との関係が「上下・主従」のもので、地方自治体の行う事務の半分は国からの「機関委任事務」であった時代――地方公共団体が国の「出先機関」の性格を色濃く持っていた時代のことです。

そのとき国は「選挙で選ばれた」都道府県知事の罷免権まで持っていましたし(一九九一年の法改正まで)、地方議会も、国からの委任事務に対しては実質審議権も拒否権も有していませんでしたから、この領域に対しては住民代表といえどもアンタッチャブルであったことになります。

つまり地方自治体首長はその半身が国の「代官」であったこと、そして国は地方に国の施策を行き渡らせるために首長の行政権を他に優越させてきたこと、これが、分権改革以前の地方自治法体系から読み取れることです。

4　行政権優越の系譜

その時代の名残を今もとどめている小さな――しかしいかにも象徴的な事項を、指摘しておきます。首長と議会議員の被選挙権に関する相違です。

地方自治法・公職選挙法は、議会議員の候補者となれるのは、その公共団体に住所を持つ二五歳以上の有権者であることを定めていますが、首長に関しては年齢以外その制限を設けていません。住所要件はないのです。

議員は住民メンバーでなければならないが、長はその必要がない、というのです。この意味はどう理解したらいいでしょうか。法の解説書を見ると、ほぼ異口同音に「首長には広く人材を得る必要があるため」との趣旨が書かれています。では議会議員に人材は不要なのか？との反問は措くとしても、この解釈はいかにも苦しげです。

この規定、現実には知事や大都市市長などに国政経験者や中央官僚、学者、著名人などが立候補する場合にとくに便利なものであることは容易に想像がつきますが、より本源的に言えば、首長が国からの任命を受けた行政長官であった時代、またその残影を法規制上も色濃く持っていた時代のものを引き継いでいることが分かるはずです。被選挙権の相違を通じて、首長の立場を議会や住民から区別し、そうすることで、長は住民を代表するだけでなく、別の何ものかを代表することが暗示されています。

極端な断定を許してもらえれば、自治体の運営、とくに行政執行の指揮監督は、その自治体の住民にだけ任せておくことはできない、という基本思想がそこには流れています。行政組織はあくまでも国―地方を貫く一体性を持った機関であって、その指揮監督権には、住民・議会の及ばない範囲がある、との強固な権力意思です。

そして今、長年の地方分権改革の努力が実って、国と地方との関係は「上下・主従」から「対等・協力」へと変わったことが、法理念の上でも明記されるにいたりました。ところが皮肉にも、国が地方を差配する上で最大の拠り所としていた行政執行権の優越状態は手つかずのままに残っています。

地方公共団体内部のこの権力関係をそのまま引きずって、真の分権改革や住民自治拡充を進めることができるでしょうか？

「分権と自治」をめぐるこれからの議論の基底には、絶えずこの問いが関わってきます。

5　地方議会に注がれる視線

この問題をより深く理解するのに役立つのは、首長のカウンターパートナーである地方議会のあり方を見てみることです。

地方議会で起こった最近の事案によって「地方議会不要論」まで飛び出していますが、各種世論調査を見ると、住民の地方議会不信は次のような事項で際立っているようです。

ふだん何をしているかよく分からず審議も不透明、行政提案の追認機関となってチェック機能を果たしていない、政策提案能力が低くポストや次の選挙のことばかりに関心が向いている、等々。つまり議会は形だけで、議員はその身分を守ることのみに精力を注いでいるのではないか、との不信です。

もちろんここには議会からの情報発信の不十分さや、地方メディアの問題もあるでしょうし、現実の地方議会は普通に思われている以上の仕事をしています。にもかかわらずこのような議会観が一般化しているのは、どんな理由によるものでしょうか。首長に注がれる視線と議会に注がれる視線との違いは、何に由来したものなのでしょうか。

ここにあるのは、「二元代表制」が建前通りには機能していない、運営上と制度上の矛盾です。

6　議会運営の矛盾

議会権限はその性格上、議決を要する案件の質量に規定されますが、地方自治法でその範囲はあらかじめ制限列挙されていて、首長に認められた「専決処分」権や「その他裁量による」権限に比してずっと狭い枠に閉じ込められています。議会の招集権さえ、つい近時にいたるまで首長にしか与えられていなかったのです。

さらに自治体の運用実態を眺め渡してみると、議会の執行機関に対する劣位が明白となります。市町村議員の多くは、議員職とは別に本業の職を持って活動しています。議員報酬だけで一家の生計を支えることが困難なこともありますが、専業政治家ではない多様な意見が議会に反映されることが望まれるからでもあります。

それだけに議会活動を日常的に支える議会事務局の機能が、大変重要な位置を占めてきます。地方議会の活性化のためには事務局の充実強化が欠かせません。

地方自治法第一三八条は、条例により議会に事務局を設けることができるとした上で、議会事務局長は議長が任免し、事務局長は議長の命を受け、他の職員は局長の指揮を受けて議会に関する事務に従事すると、定めています。議会事務局のことは、議長にその任免や事務指揮の裁量が委ねられることになっています。

ただ実際は、市町村ごとにプロパー事務局を置くことは困難なので、首長に属する一般事務職員が出向辞令を受けてその任に就いています。

新城市でも議会事務局長には部長級の職員を充て、その配下の職員についても行政職員のなかから定期人事異動に組み込んだ形で配置しています。むろん局長人事などは事前に議長と相談することが慣例とはいえ、市職員の全体人事の一環として異動をかけることに変わりはありません。

この方式は、教育委員会、選挙管理委員会、農業委員会、監査委員等の事務局人事と、基本的には同様のシステムを取っています。どこでも普通に見られる光景なので、あまりにも当たり前すぎて、何の疑問も抱かれていませんが、ふと立ち止まって考えてみるとおかしなことだと言わざるをえません。またその法的根拠も実にあいまいです。

言うまでもなく、教育委員会、選挙管理委員会、農業委員会、監査委員等々は、行政委員会と呼ばれ、地方自治法の中では首長と同じ執行機関に位置づけられ、かつ首長の統轄の下に相互に連絡を図って一体として行政機能を図るべき、と指示されています。このため、地方自治法第一八〇条の二は、これら行政委員会の事務を首長に所属する職員が行うことを認めています。

しかしその裁量範囲は、議会事務局に及んではいません。

それは当然のことで、議会は行政機関ではなく、行政がそれを執行すべき条例や予算の審議と議決や、行政機関全体への審査こそが、本来の役割だからです。

だが現実は、議会もまた各種行政委員会と同様の形で事務組織の運営がなされていて、議会はそのスタッフ役のすべてを市長から供給され、市長の人事権限の中で異動し、議会予算もまた市長のもとで専権的に編成されています。まるで議会も執行機関の一部署であるかのようです。

7 「二元代表制」の虚と実

地方自治体のガバナンスは、首長と議会とを住民の直接選挙で選ぶ「二元代表制」を特徴とするとは、どんな解説書にも書かれています。

では「一元制」で議院内閣制をとる国政においてはどうでしょうか。衆参両院のもとにはそれぞれの事務局が置かれていますが、その人事や運営は、行政府とは別のところで動いています。衆参院事務総長とスタッフが首相補佐組織から送られるものだとしたら、国会の独立性も、立法機関としての優位性も失われたと言われることでしょう。

立法府も行政府長も国会議員という意味で選出母体を同じくするシステムにしてこうなのに、議会と長とがそれぞれ別個に住民の直接選挙で選出されてくる「二元代表制」において、議会組織が長に差配されるシステムを当たり前のように取っていることは、どうにも筋が通らないのではないでしょうか。

地方自治法の運用や解釈においては、長年にわたりそれで瑕疵なしとされてきたと思います。私は法理上の判断解釈を下す見識は持ち合わせませんが、首長と議会との本来の関係性から見た時、やはりそれは行政権限を最優位に置き、議会を従属的な地位にとどめてきた時代の遺構と思われてなりません（現行の措置を正当化する根拠は、議会予算の執行権も首長に属しているために、議会事務局が執行責任も兼ねている必要がある、ということ以外にはないと思われます）。

幸いにも、地方制度改革の一連の流れでは住民自治の拡充を図る文脈において、地方議会の権限強化が積極的に検討され、随時そのための法改正もなされています。また議会側や有識者からの同様の問題意識に立った提言も続いています。

この動きを加速させ、長と議会の権限配分を正しく均衡させるとともに、議会運営のあり方自身を抜本的に見直すことが、地方自治にとってどれほど大切になっているか。極端な「地方議会不要論」も、議会に本来期待されている役割と、現実に議会が持っている権能との間に大きな乖離ができてしまっていることを、別の表現で告発したものかもしれません。

8　現行制度の壁

これまで多様な住民意思吸収やまちづくり事業への住民参画・協働は、首長主導のものがはるかに先行してきました。そのため議会側からは「議会軽視」との批判がたびたび飛び出してきました。自分たちの役割を無視するものだとの、議会アイデンティティの根幹に関わる批判です。

しかし現行制度のもとでも、議会がこうした住民参画や住民意思反映の多様な仕掛けをつくり出すことは可能です。議会が公聴会を独自に開催したり、諮問機関を設置して審議を行わせたり、請願意見を聴取したり、議会傍聴規定を工夫して意見受付を行ったり、あるいはタウンミーティング方式で住民の中に入っていったりすることです。

そして実際に、そのような問題意識に支えられた地方議会改革が進められ、開かれた議会運営を試行する先進事例も生まれています。議員提案の条例づくりも同様です。

住民意思や利害がこれほどに多様化した時代、また市井の人々の中に豊かな専門知識や提言能力を持った人が多数存在する時代です。選挙で選ばれた後は議会内活動に終始して、代表権の不可侵性を拠り所に他の介在を許さないとすれば、その議会は時の流れから大きく取り残されるだけでしょう。

だからこそ、志ある地方議会が真剣な議会改革に乗り出したのですが、それでもなお大きな限界点が存在します。

議会が多様な住民参画を促し、独自の政策提案に結びつけようとしても、そのために使える予算やスタッフが乏しく、乏しいだけでなく自己決定ができない仕組みになっていること、さらにそこから一定の政策目標を見据えた合意形成を図れたとしても、それを執行過程に移していく直接の手立てがないことが、それです。

9　自己決定力を奪われた議会制度

このような意味で、地方議会には自己決定能力があらかじめ奪われた中で「二元代表制の一翼を担う」ことが形式的に託されています。だからこそ、間接民主制の擬制によりかかって議会自らの改革と住民意思の直接・広範な吸収反映に努めることを放棄すれば、議会のより以上の自己否定と信認低下を招かざるをえませんし、この制度的矛盾を放置して「議会不要論・無能論」を煽れば、行政組織の民主的・自治的コントロールからどんどん遠ざかっていくだけです。そこにどれほど有能有意の首長リーダーが立って、どれほど多くの改革努力を費やしても、住民自治と議会制民主政治の前進には結びつかず、「強いリーダー制」を担保する統治機構改編を求める結果になるほかはありません。

10　直接民主制の効力

このような中で、地方自治法や自治基本条例を拠り所に直接民主的な手法を運用する事例が増えています。住民投票がその最たるものです。憲法改正国民投票も視野に入れて、国政分野でもこの住民投票方式を取り入れることを提言する国会議員団体が生まれています（二院制を廃止し、一院制と随時の国民投票制度と結びつける案など）。

地方自治体では、首長、議会が民意と大きくかけ離れてしまった時や、案件の性格上全住民の意思を直接に確認した方がよい時に、住民投票もしくはそれに準ずる手法を採用することは有効だと思います。また地方制度調査会では、大型建設事業などに際しては、住民投票を必置とする案も議論の俎上に上っています。

さらに電子投票はじめＩＣＴ技術がより発展・普及してくれば、もっと簡易に時々の住民意思を確かめることが可能になるでしょうし、さらにはビッグデータを活用して政策選択の最適解を推量する手法なども生まれてくるでしょう。

しかしそれでもなお多忙を極める現代社会にあって、全住民が同等の時間を政治に割くことはできず、情報の完全共有も困難だとすれば、そして最終決定は人間が下さなければならないとすれば、選挙を基盤にした代表制度は今後も長く必要とされるはずです。

11　議会が握る地方自治の未来

ですから議会制度や代表制度を、もっとよく機能するように図る努力を放棄することは許されません。行政運営を民主的にコントロールする一形態として、執行機関の長と議事機関の議員とを、住民の直接選挙によって選ぶ二元代表制を採用しているのが今の地方政治制度ですが、これまで見てきたように、現行のそれは法制度上も、運用実態上も、「上からの統治」の性格を色濃く引きずっています。

住民自治に立脚した代表制民主主義を磨き上げる道は、首長権限の強化ではなく、議会権能の強化にこそ求めるべきだと思います。

私自身の実感から言えば、政令市やそれに準ずるような大規模自治体は除いて、一般市規模の自治体であれば、執行機関と議事機関を二元分立させる必要はなく、他の多くの民主主義国で採用されているような形態――議員の中から首長を選び、議決事項に従ってその長が執行機関を指揮する形態の方が、より民主的で効率的な運営ができるように思います。

ここで議会は、執行機関に対して理事者の立場に立つことになります（国政での政党制を基盤にした「議院内閣制」と類比するのは間違いではないでしょうか）。

あるいは見た目には反対のように思えるかもしれませんが、現行地方自治法のもとでも許容されているように、小規模自治体では議会を置かずに町村民総会を開いて、その決定事項に沿って事務執行する形が合理的な場合があるかもしれません。

地方自治体の人口規模も地域の就業特性も年代構成も大きく異なった中で、画一的で硬直的な制度を一律に強いることは、もはやデメリットの方が多くなっています。二元代表制か、議会理事者制か、住民総会制か、あるいはそれらの柔軟な組み合わせか、それぞれの地域特性に応じて自治体意思で選択できるようにしても、とくに不都合はないと思います。民主政体の多様な発展形態が、地域から育っていくメリットの方がはるかに大きいはずです。

第七章　「住民自治」の成熟型を求めて

1　「参画・協働」の広がりとジレンマ

首長にも議会にも求められている自己変革は、当然ながら自治体を構成するもう一人の主体、住民にも求められています。とくに住民が住民としての意思を形成し、発意し、合意するプロセスに関わることにおいてです。住民意思なき住民自治はありえない以上、これはまちづくりの根幹に関わってきます。

これまで、「住民主役のまちづくり」がスローガンとしてだけでなく、実際の中身を持つにいたるには、さまざまな政策検討場面や事業現場への住民参画が進むことが必要でした。そして現実に多様な住民参画と住民協働の成果が広がってきました。

「参画」や「協働」の言葉自体が忌み嫌われていたわずか十数年前を考えれば、隔世の感さえありますが、参画・協働が広がるにつれて、新たな問題も突きつけられてきました。

それは参画・協働する人々の意見が、その人個人以外の何ものかを代表できるか、との問いです。

自治体が住民参画を広げる最初の手法は、行政が設ける審議会や各種委員会に「公募委員」枠をつくり、そこに参加する住民を募ることでした。各種団体の代表や学識者でほぼ占められていたこれら機関に、何の前提条件も置かない公募枠を置くことで、広く一般の感覚や意見を反映させようとしたのでした。

この試みはまたたく間のうちに普及して、今では当たり前の形態になっていますが、それを広く採用しても、実際に公募に応じて参画してくる住民は、その数も顔ぶれも固定化し、一定の限度を越えられないジレンマに直面するようになってきました。

「公募委員」は大抵「市民委員」とも称され、行政側や利害団体に偏らない市民意見を述べることが求められたわけですが、メンバーの固定化とともに、そこで言う「市民」とは一体誰のことなのか、とのシビアな問いが発せられるにいたったのです。

もちろん執行部が設置する委員会は、市長の諮問機関であったり付属機関であったりの形を取りますので、委員は市長に対して責任を負うもので、その意見がどれほどの普遍妥当性を備えているかにかかわりなく、最終的には市長意見の形成に役立つわけですので、何もことさらに代表性や正統性を言挙げする必要は、形式上はありません。

ただ実態は、参画委員にとって「市長に責任を負う」意識は希薄で、自らの意見を市民意見として表明し、それが政策や事業にできうる限り反映されることを望んでの参画であろうと思います。それだからこそ、そこで表明される意見の「市民資格」が問われたのです。

2 「討議型民主主義」から見えてくるもの

この問題を踏まえ次にとられ始めた手法が、住民の中から無作為で抽出した多数の人々に議論への参画を呼びかけることです。この方法は、新城市でも広く「市民討議会」などを開催する際に取り入れています。

住民の側からすると、ある日唐突に「何月何日のこれこれの趣旨の会議に参加して意見を述べませんか」と市から呼びかけが来るのですから、すべての人が参加してくるわけではありません。実際の参加者は呼びかけを送った数の数パーセントにとどまります。

しかしそれでも「公募方式」の何倍もの市民が参加し、意見表明の機会を得ることになります し、住民参画に加わってみたいと思ってはいても、そのきっかけやチャネルに乏しかった人々の背中を押すことで、より多様で、より新しいメンバーの参画を得ることにつなげられます。

この手法は、参加を直接呼びかける対象の多数性、しかも無作為抽出による対象の不特定多数性の点で、公募方式しか知らなかった時代に比して、全体意思の形成と確認において恣意性をより排除したものに近づけています。

それでもなおそこで表明された意見が何を代表し、何に責任を負うものかの先述した問題は残されたままです。

3　住民意思をつくる場

ここに横たわる根本問題は何なのでしょうか。それは「住民」が地方公共団体を構成する主体とされていながら、執行機関や議会とは違って、住民自らの意見形成をする常設の場を持たないことにあります。

公職選挙法に基づく首長と議会議員選挙の場で、住民は投票権を行使しますが、それは代表を選ぶための個人の行動ですし、そこで確保されるべきは「無記名・秘密投票」の原則です。また直接請求権に基づくさまざまな権利行使を実現するために必要なものも、有権者数の一定割合の連署が基になるように、特定期間の特定課題に対する賛否の数によるほかには、住民意思を確かめる手立てはないのです。

けれどもいま必要とされているのは、単純な賛否の表明機会の保障だけではありません。複雑多岐な問題に対する意見を形成するための情報の確保や、多面的な意見交換の体験や、より良き解決のために皆で考え合うすべにあると思います。

「住民対行政」、「住民対議会」の緊張関係は、代表制（間接民主制）をとる限りは永続するものでしょうし、議決権、執行権を持ったものへの異議申し立ても民主主義に必須のツールでしょう。しかし自治体運営において住民は、行政（議会）に要求し、行政（議会）を告発し、行政（議会）の首を差し替える力を持つだけではありません。公共サービスにかかる負担を分かち合い、住民福祉の増進が図れるよう互いに力を合わせ、自治体運営がより効率的で民主的なものになるよう自らを治める責任を負っています。

それだからこそ、この面での住民意思は、住民相互の情報共有と住民相互の意見交換を経ているかどうか、その熟度において信頼性と正統性を表明できるのではないでしょうか。そのプロセスと住民相互の検証を経ていない市民意見は、あくまでもその個人を代表できるだけであるとの相互了解に立てるかどうか。それは、住民参画や住民協働をより成熟したレベルに押し上げられるかどうかの分岐点にほかなりません。

そしてそれだからこそ、住民が住民としての意思をかたちづくるための場を、自治体運営の中に組み込んでおく努力が生まれてきます。

4 「市民まちづくり集会」の試み

二〇一三年度より施行されている新城市の自治基本条例では、「市民まちづくり集会」開催についての定めが盛り込まれています。この「市民まちづくり集会」は、住民、議会、行政がともに力を合わせてより良い地域を創造することを目指し、三者が対等の立場で一堂に会して、意見交換と情報共有を図るために開催されるものです。

市長や議会による開催とともに、住民発議による開催もできるように措置されていますが、市長に対しては必ず年一回以上開催することを義務づけています。また住民投票を実施する際には、自動的に同集会を事前に開催する手続きが取られます。

「市民まちづくり集会は」は市民であれば誰でも参加できますが、行政区長や地域自治区協議会委員らに対しては直接の参加要請を発し、さらに二〇〇〇名ほどの無作為抽出市民にも案内状

「市民まちづくり集会」会場の様子（色違いのカードを挙げて意思表示する参加者）

を送ります。集会の運営は、別途選出された市民実行委員会に委ねられます。

「市民まちづくり集会」は、むろん何かを決定する場ではありません。その意味では「市民総会」とは一線を画すものですが、同時に可能な限り多くの市民が参加できるように努力が続けられます。それは住民、議会、執行機関がともに知恵を出し合い、熟議を重ねることを、住民主役のまちづくりに必須不可欠のプロセスとして埋め込んでいく仕組みでもあります。

顧みると、自治体運営の中でこうした機会も場もこれまで一つも設定されてはいませんでした。行政は市民参加を求め、さまざまな説明会やワークショップ、審議会などを多用してきましたし、議会は議会で住民報告会を開いたり、議会傍聴を呼びかけたりしてきましたが、住民、議会、行政が対等に会して意見交換をする空間は用意されていませんでした。

自治は、その構成員が「共に治める」仕組みでもある以上、それを内実化させる新しい取り組みが不可欠になっています。

第八章　地域起点の民主主義
――多様な政治モデルを生み出せる場に

1　試練に立つ民主主義

地方自治体の現場でさまざまに試みられている「住民主役のまちづくり」の試行や模索は、民主主義を手垢にまみれた形式主義や惰性から救い出す手立てになっています。

民主主義が機能するには、その制度と運用に対する国民（住民）の信認が広くあるとともに、その政治過程により多くの住民が参画する必要があります。

この点で今、日本の民主政治は大きな岐路に立たされています。

何よりも各種選挙の投票率が低落傾向から脱することができていません。もちろん時々の内外情勢や争点の緊迫度、有権者の関心度などによって一定の上下動はこれからもつきものでしょうが、当選者の政治的正統性に疑念がつきかねないほど極端な低投票率現象も生まれています。

2　社会的排除の罠

ここにもこれまで触れてきた社会的格差の拡大が、影を落としています。経済成長時代には一時的・例外的な雇用形態と扱われていた非正規雇用が、もうすでに全雇用中の半数近くにまで膨れ上がっています。基幹的雇用制度を守るために制度の外に排除された雇用が、制度の中に戻れぬままに増殖を続け、ついに多数を占めるにいたった姿がここにあります。

既存の政策制度要求へのチャネルがなく、その利害折衝過程からも排除された人々が、選挙に関わる生活上の動機を持たないのは当然です。さらに財政の硬直化は、所得再分配機能を著しく劣化させ、選挙を通じた政策選択への期待値を押し下げています。

この状態が放置され続けるならば、政治制度への信認度がさらに下落し、制度的・政治的問題解決から離反する人の数が増加し、それによって政策・制度の有効性がもっと失われていきます。するとと次に生まれてくるのは、正規の制度を通らない経済取引や救貧ビジネスの類の増殖ではないでしょうか。パイを巧妙に抜き取る「地下経済」が横行する危機ですが、それは日本社会が一度も経験したことがなく、多くの国民を苦難に追い込むものとなりかねません。

3　包容力としての政治

民主政治のこの試練に立ち向かう道は、社会的排除の罠を取り除き、新たな社会的包摂と再統合の力を獲得することにあります。それには硬直した制度を打ち破る多様な試みを受容し、吸収する、政治的包容力が何にもまして必要となります。

その土壌をつくることができるのは、地方自治の場こそふさわしいと思います。自治体の試行錯誤は、法に違反しない限り国の政治体制を壊すことはありませんし、自治体の条例制定によって多様で複合的な政治参加チャネルを編み出すことができるからです。

民主主義の危機や試練は、その飛躍や進化発展の転機でもあります。

民主主義の発展は、いつでも権利の主体や権利の領域が広がることを伴っています。

たとえば参政権一つ取ってみても、昔は高額納税者にしか与えられていなかったのが、次いで普通選挙制へ、さらに女性参政権へと進んできました。投票年齢も下がってきました。また国民の諸権利も、生存権や教育を受ける権利などの古典的人権規範から、環境権や知る権利、プライバシー権など、それまで権利とは考えられていなかったものが追加認知されていくプロセスをたどっています。それにつれて障がい者差別をはじめ、特定の人々への抑圧や排除を許さない意識と法制度が整備されていきます。

4　将来世代のための民主主義

では少子化と人口減少に立ち向かう上で、民主主義がより良く機能するようにするには、何が必要とされているのでしょうか。

この課題はとくに、「将来世代のための民主主義」を達成する分野で問われてくると思います。

この目標に向かっての取り組みはさまざまな形で始まっています。「若者議会」や「女性議会」の設置を通して、若者や女性の積極的な参画を図るのもその一例です。各種委員会への女性登用、地方議会への女性進出の促進を図るためのアイデアも出されています。新城市の自治基本条例では、とくに「こども」の条項を設けて、子どももまちづくりに参加する権利を持つことを明文化し、「中学生議会」の開催も定期化しています。

これまでのところ、これらは「疑似議会」の枠で動いていますし、協働・参画の一環と位置づけられています。

しかし地方自治体の場で、より柔軟な政治制度導入が許容されるならば、実に多くのことに取り組めるはずだと思っています。

5 「子どもも一票――デーメニ投票法」

たとえば子どもも一票を持つ「デーメニ投票法」の考え方があります。

人口学の大家Ｐ・デーメニが一九八六年に提唱し、以来各国で論議され、欧州や豪州の一部では、現実の選挙制度への導入が検討されているとのことです。

ここでは「有権者」を年齢で区切るのではなく、生まれたばかりの乳児を含むすべての国民が一票の投票権を持ちます。もちろん判断力のない乳幼児や一定範囲の社会責任を免除されている低年齢世代に、独自の責任を持った投票を期待することはできませんから、その権利は親やそれに代わる保護者が代理行使します。

代表制民主制度が持つ力学を逆のテコとして使いながら、従来の手法で生まれがちだった政治偏差を是正する手法とも理解できます。

もしこの制度が導入されたとしたらどうでしょうか。まず間違いなく子育て世代の投票率は上がり、また子どもの将来利益をより広く考えて政治選択をするようになることは、かなり確実に予測されるのではないでしょうか。また一〇代の若者にも積極的に投票行動に向かう動きが広がるかもしれません。

その波及力は他の社会層や世代にも広がり、投票行動全体に相当大きな変化が生じてくる可能性もあると思いますし、そうなることで、政党・政治家・行政の政策形成にも影響力を持つようになるでしょう。

もちろんこの投票法の一番の問題は、子を持つ親（保護者）というだけで、そうでない人との間に二倍以上の投票権の開きができてしまうことです。実際上は一人一票の原理が失われ、「法の下の平等」が侵害されかねません。

こうした点から日本でこの手法を導入し、正式の選挙制度にするのにはかなり無理があるように思いますし、多数世論も相当な違和感を持つであろうと思います。

しかし補完的・実験的手法として導入し、政治上の参考値に位置づけることは可能です。各種選挙の折に、正式の投票とならんで別種の投票用紙による投票を行ってもらい、正規の開票結果と一緒にデーメニ法による集計結果を公表したとしたら、両者の間の関係からさまざまなことを読み取ることができるでしょう。選出された人々もそれを十分に考慮した政治行動を取るようになるでしょう。

あるいは女性の議会進出を促進するためにフランスで試みられようとしている、ペア立候補制度も有力なアイデアだと思います。立候補者は必ず男女ペアを組まなければならない、というもので、議席は男女同数にならざるをえません。あらかじめ女性議席を割り振る「クオーター制」もあります。

こうした手法を取るには、投票参加者大多数の間に、それを導入することの意味や利点について基本的な合意ができていなければなりません。その結果の取り扱い方についても同様です。市町村規模ならばその合意は比較的取りつけやすく、また条例などであらかじめ目的、方法などを定めておくことができます。

6 「一人複数票」

「デーメニ投票法」は社会構成員全員に投票権が付与されて、将来世代の潜在的意思を確認する手法ですが、また別の試みも考えられます。ドイツの地方議会で行われていると聞いたことがありますが、有権者に議席定数分の票が与えられる手法です。

たとえば定数二〇の市議会議員選挙に際して、有権者は二〇票を持ち、それを自由に使うことができます。どうしてもこの人に当選してもらいたいと思う候補者がいるならば、二〇票全部をその候補に投じることもできますし、もともと支持している候補に重点配分する一方、全体のバランスや能力・識見を考慮して、別の候補にも活躍してもらいたいという時にはそれに沿った投票もできます。

公職選挙法は「投票は、各選挙につき、一人一票に限る」（第三六条）と定めていますから、現行法の中ではそのままの導入はできません。

しかし前のデーメニ法と同じく、補完的・実験的手法として並行させることはできます。「校区推薦」のような地縁型選挙が主流の地方議会選挙にあって、その意思を尊重するとともに、自治体全体の利益や地域間均衡を図る政治バランスを有権者がどう考えているかを知る上でも、十分に研究に値するのではないでしょうか。

7 「民意」の所在

全員一票にせよ、一人複数票にせよ、現代日本の有権者の知的成熟度からすれば十分に活用可能なもろもろの手法が、民主主義の新たな可能性を広げるとしたら、その理由はどこにあるのでしょうか。

それは「民意」の持つ多様な側面や価値観を、できるだけ広く政治決定に反映させる手法がとくに求められているからだと思います。

いま日本で民主主義は、「民意による政治」と同義で語られています。その「民意」は各級選挙結果で示され、また折に触れて行われる世論調査での内閣、政党、重要政策などに対する支持率で推量されています。

一方で無党派層の増加や投票率の低下傾向、あるいは時々の「風」の向きによる票の大量移動やメディア報道に伴うアナウンス効果の存在など、「民意」がきわめて流動性が高く、国民世論の全体意思がどの方向を向いているのか、確定判断することの困難も指摘されています。

8　多様、多角、多層の民意

しかしそれも当然のことです。有権者はたとえば、ある政策では与党を支持するが、別の政策では野党の主張に共感する、といった経験を繰り返しながら、その都度の政治選択を行っています。また企業人としてはこの候補者を支持できるが、一人の親としてはあの候補者にがんばってもらいたい、目の前の経済情勢を考えればこちらだが、長い将来を考えるとあちらだろう、といった葛藤を持ちながら投票所に足を運びます。

多角的な価値観に対する受容力が高ければ高いほど、このような多重矛盾を抱え込むのではないでしょうか。

企業、組合、地縁など社会集団への帰属によって、その人の価値観が色分けされ、固定化された時代も過ぎ去りました。リタイヤ後に手にするセカンドステージも何十年の時間単位となっています。一つのテーマをめぐる千差万別の見解を瞬時に検索することもできます。生活のシーンごとに何が大切なものかも変わります。

社会の中に多様な価値観があるだけでなく、一人の人間の中にも多様な価値体系が同居しています。その優先順位をどこに置くかで、政治選択も当然のごとく転変するはずです。

9 「受益と負担」のバランス

このような多層的で多角的な価値判断を「民意」として示す方法は、まだ十分に開発されていませんが、とくに「受益と負担」をめぐる広範囲な合意形成を図る上では、必須不可欠なものになると思います。参加構成員が、それぞれの立場から下される価値判断の相互関係を理解するプロセスを踏んでいるかどうかが、決定的な意味を持ってくるからです。

たとえば高齢世代への給付に偏った福祉は、負担に耐えられない若年世代を生み出すことで破たんが見えてくるでしょうし、高齢者に過酷な制度は明日の高齢者たる現役世代の意欲を削ぐことでやはり持続不能でしょう。では納得の均衡点をどこに見出すのか。それこそが民主政治のプロセスですが、そこへの参加者に偏りが生じている限り、われわれはいつまで経ってもこの合意点にたどりつけません。

その点ですべての世代、すべての層が民主的決定プロセスに参加し、多様な価値選択を吟味しながら一定の合意点に達する仕組みがどうしても必要となっています。

10　自治する気概

国民の中の経済格差が広がり、社会の二極分裂のきざしも見え隠れする中で、排他的敵対感情を民意に訴える政治手法への誘惑も広がっています。民意が硬直し、多様性を受容する力を失う時、民主政体は思いもよらずに暴政への引き金を引く装置になってしまうことがあります。

そうさせぬ力もまた、民主政治が培った成熟した市民力の中にしか存在しません。

そしてここではやはり、地方自治は民主主義のための偉大な学校であり続けるでしょう。国で一律制度導入するのが困難な先駆的・実験的手法を、思い切ってモデル化することが可能なこともありますが、それ以上に、身近な自治の世界では、誰もが受益者であるとともに負担者であり、誰もがリーダーであるとともにフォロワーであることを、互いに確かめ合える関係の中で共同性が維持されるからです。そして受益と負担の両者が一個の人格の中で体現されることで、独立自尊の気概が人々の中で育まれ、共有されていくからです。

自分が社会の必要を担っていることの実感を欠いたところ、また互いを支え合っている紐帯《ちゅうたい》の見えぬところに、自治は成立しえず、民主国家を支える市民力も生まれません。

そして一つひとつはたとえささやかなものであっても、一隅を照らす数限りない行動の積み重ねの上に、独立心に富んだ地域自治社会が日本の隅々で息づいています。長い年月をかけて日本人が自らつくり上げてきたこの堅固な地盤に、いま一度強靭な基礎杭を打ち据えて民主主義の発達を目指していくならば、われわれは他のどの国にも負けない洗練された政治体制をみがき上げていけるのではないでしょうか。

おわりに

おわりにあたり、不作法を承知で私事に関わることに触れさせていただきます。

私は青春期を、学園紛争と反戦・反安保街頭行動が国中を覆うただ中で送りました。高校生でその渦中に身を投じ、見よう見まねの活動に没頭する中で、ある種の「前衛思想」を行動の糧とするようになっていました。

社会が必要とする変革に向かって、人々に先んじて行動し、それによってより多くの人が歩める道を切り拓いていこうとするものです。その時に立ちはだかる「国家権力の壁」を突き破ることが、すべての規範と正義に優先するとの無邪気な決意も同伴していました。

では究極の変革目標とそこにいたる政治プログラムはどんなものなのか。当時の若者の行動にはそういう知恵は装備されておらず、取りあえず手に取れる石ころや棒切れに自らの思想表現を託すという、原始社会さながらのパフォーマンスがメッセージのすべてに代わるものでした。

その集団行動の帰結は周知の通りですが、私自身も錯誤と彷徨の繰り返しの中で沼地を歩くがごとき日々を重ねました。大きな過ちを犯し、服役の身ともなりました。

拠り所とすべき思想秩序も崩壊してあらためて社会に立ち、ある日ふとまわりを見回すと、自分の立ち位置が社会の最も遅れたところにいることに気づきました。それまで「遅れている」と見なしてきたものが、自分よりもはるか前を行っているのです。

市民生活、政治体制、経済システム、文化生活、すべての面においてです。

今でも目に焼きついているのは、阪神淡路大震災の折に、陸続として現地に入る若者のボランティア隊列の姿です。「権力と闘わないボランティアは体制の補完物」とのカビのはえたドグマ（教条）を、深く恥じ入った瞬間でもあります。

その後私は、父祖の地である愛知県鳳来町（現新城市）に移って山林の業に携わるかたわら、東三河地方をフィールドにする森林ボランティア団体に身を置き、ちょうどNPO法が成立する前後の活動を若き仲間と共にしました。それも私のささやかな自己批判の実践でしたが、そこではさまざまなNPO活動が、いろいろな表現を取りながら、新しい社会構成とそれを支えるコミュニティの形成を強く志していることを教えてもらいました。

またこの活動を介して、地方行政との関わりも得るようになりました。市町村や県の職員、時には地元の市町村長らに協力を仰ぐ中でその実体面に触れるとともに、地方自治に関する諸文献にも向き合うようになりました。国政の下位従属機関という見方から離れられなかった私の思考世界が、陳腐きわまりないものだったことも思い知らされました。地方自治の理論と実践、その発達史の中には、より良き政体を構築せんとする驚くべき豊富な知恵がつまっていますが、それを正当に評価することなく政治を語ってきた自分の無知にあきれ返ることもしばしばでした。

こうして私は地方政治に関わるようになり、市長の職責に向き合っています。

その中で何を感じ、何を変えるべきと思いいたったかは、本文に記した通りですが、そのすべては地域社会の中で培われてきた奥深い自治の世界に抱かれて、初めて語り出せたことです。

本書をこうして世に問うことができるのも、それ故、私の来歴をすべて承知した上でなお地域社会のために粉骨砕身せよと私を送り出してくれた支援者の皆さん、そしてこのような人間を公職者として迎え入れてくれた市民、議会、職員皆さんのお陰以外の何ものでもありません。

私の立っている地点が、地域社会の懐の深さを証明する一端でもあると見なしていただけるならば、私が声を上げる意義もまたあると考え、恥多き道行きをあとがきに代えた次第です。

最後に、お二人の方に心からの御礼を申し上げなければなりません。

お一人は、相模女子大学教授の松下啓一先生です。松下先生は、新城市の自治基本条例制定にあたってご指導をいただいたのがきっかけとなり、その後のまちづくりをめぐって何くれとなくご支援を賜ってきました。そんなお付き合いの折、先生より地方自治に関する本を書いてみないかと勧められたのが、すべての始まりでした。

それももう何年も前のことです。私の力量不足と市長職に伴う時間的制約から、当初の予定よりも随分と校了が遅れてしまいましたが、それでも書き上げることができたのは、常に松下先生の眼を意識していたからにほかなりません。

もうお一人は、萌書房代表の白石徳浩さんです。数年にわたって何回かの原稿をお渡ししながら、私のわがままでこの最終稿までお付き合いくださいました。匙を投げられても当然のところ、またことのほか出版事情の厳しい中にもかかわらず、本書のための席を空けておいてくださいました。

本書の刊行は、あげてお二人の力に頼ってのものでありました。

感謝にたえません。

二〇一六年一月

穂積 亮次

■著者略歴

穂積亮次（ほづみ　りょうじ）

1952年　東京生まれ。現在，愛知県新城市長。

2004年　愛知県鳳来町長就任。

2005年　新城市・鳳来町・作手村3市町村の新設合併による選挙で新・新城市初代市長に就任し，2016年現在3期目。

自治する日本　〈市民力ライブラリー〉

――地域起点の民主主義

2016年4月30日　初版第1刷発行

2016年6月30日　初版第2刷発行

著　者　穂積亮次

発行者　白石徳浩

発行所　有限会社 萌《きざす》書房

〒630-1242　奈良市大柳生町3619-1

TEL（0742）93-2234 / FAX 93-2235

［URL］http://www3.kcn.ne.jp/~kizasu-s

振替　00940-7-53629

印刷·製本　共同印刷工業

ISBN978-4-86065-103-9